マッチョ介護が世界を救う!

筋肉で福祉
楽しく明るく
未来を創る!

Macho Care Will Save the World!

マッチョが集う
フィットネス実業団を作る。
日本初のチャレンジが、
介護を変える突破口だった。

fun
gry !

マッチョを大事にする会社は、
人を大事にする会社。
人を大事にする会社しか、
これからの社会では必要とされない。

学歴も特技も才能もない。
そんな自分がなぜ起業できたのか。
それは、自分は何者にもなれる
チャンスがあると信じ続けたからだ。

多様性の許容はゴールではなく、
スタート。
自分なりのナンバーワンを目指して努力する
オンリーワンの人たちと共に走り続けたい。

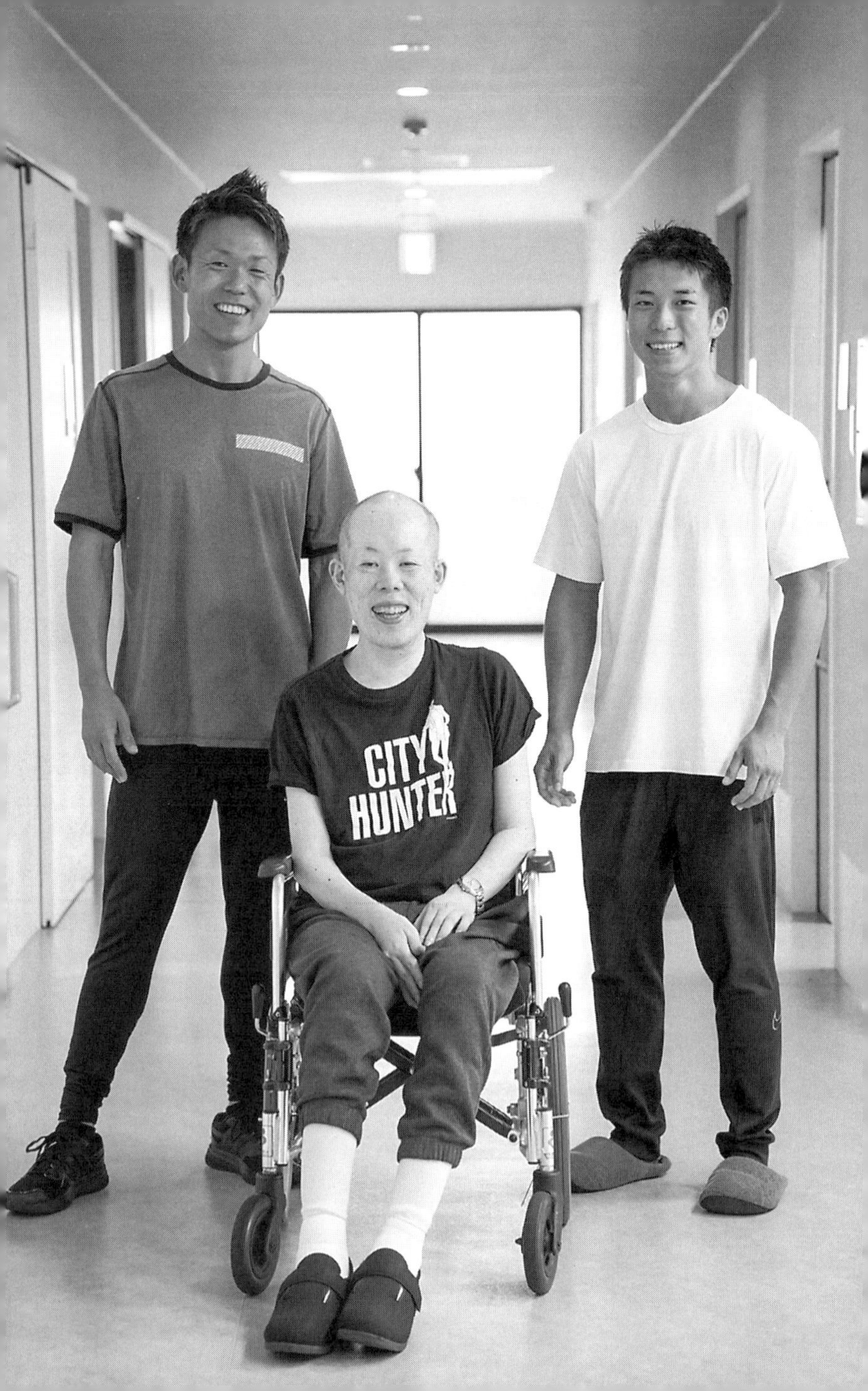
CITY
HUNTER

人材不足を解消するコツは、
採用のハードルを
下げることではない。
逆にハードルを上げて
適した人材を選び抜くことだ。

障害がある。
小さな子供がいる。
そうした理由で、
「なりたい自分」を
諦めてほしくない。
誰もが、
自らが望む自分になれる社会が、
私たちが作りたい世界。

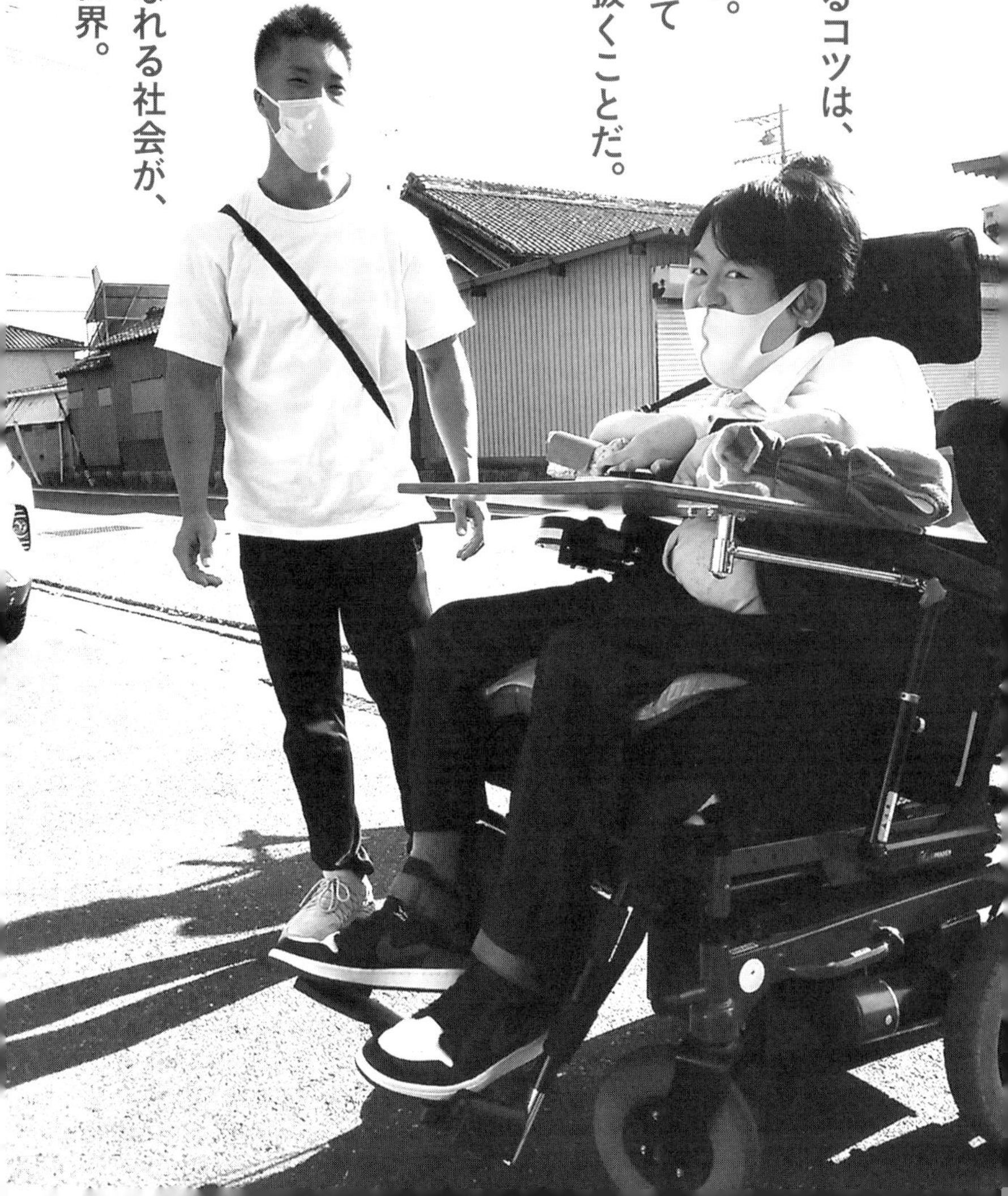

色物扱いされてもいい。
ぬるま湯体質の業界に一石を投じる
台風の目、風雲児となり、
競争を巻き起こして業界を変えたい。

稼ぎたいでも、モテたいでもいい。
小さな夢から始めよう。
信じ続けて努力すれば、
大きなビジョンに育つ。

自分は最大のライバルではなく、
最初のライバル。
自身に打ち勝てて始めて
スタートラインに立てる。

介護する人ほど、
〝遊び人〟であってほしい。
人生が充実していないと、
他人を元気になんてできない。

good
vibes

「失われた30年」で疲弊した日本を、
鮮やかに立ち直らせるのは、
福祉・介護のパワーしかない。
心からそう信じている。

目次

第4章 ゼロからの介護ビジネス経験が生んだ〝へそ曲がり〟の仕事術

構成・井上健二

第1章

フィットネス実業団はこうして生まれた

施設介護へのシフトが、フィットネス実業団を生み出しました

介護ビジネスを手掛ける私たちビジョナリーは現在、愛知・岐阜・三重の東海3県に20の介護事業所を持ち、およそ150名の介護スタッフを抱えています。

2023年中には、北海道、茨城県、岡山県、福岡県、広島県への進出を果たす予定。2030年には、全国47都道府県すべてへの進出を目標に掲げています。

この野心的なビジョンを可能にしてくれたのが、2018年2月に設立したフィットネス実業団。ボディコンテストに出る選手たちで作る、日本初の実業団です。

フィットネスとは本来〝体力〟という意味。通常は体力向上や健康増進のために行う運動を意味します。ここでは、おもに理想体型を叶えるために鍛えることを指します。

近年あらゆる業界で人手不足が叫ばれています。ビジョナリーのフィールドである介護ビジネスはなかでも人手不足が深刻です。

介護は体力勝負の部分もあり、若手・男手が広く求められる分野です。

ところが、その担い手は決して若くはなく、男性も少ないのが現状。

ファクトをチェックしてみましょう（出典：公益財団法人介護労働安定センターによる『平成30年度介護労働実態調査　介護労働者の就業実態と就業意識調査結果報告書』）。

この報告書で、有効回答を寄せた全国の約2万2000人を対象に調べたところ、介護業界で働く人の平均年齢は、45・9歳となっていました。

年齢階層では、40歳以上45歳未満がもっとも多くて14・2％、次いで45歳以上50歳未満で13・0％となっていました。

そして介護労働者の性別は男性が20・6％、女性が72・0％となっていました（残りの7・4％は無回答）。

一方、ビジョナリーはどうでしょうか。

うちの介護スタッフの平均年齢は29歳、男女比は男性7：女性3となっています。前述の調査結果と比べると、ビジョナリーの介護スタッフたちがいかに若く、そして男性が多いかがお分かりいただけるでしょう。

フィットネス実業団を作り、介護で活躍してほしい若手・男手を多く集めるきっかけになったのは、2017年に施設介護へ本格的に参入したことでした。

ビジョナリーの設立は2008年。初めは、利用者（要介護者）の自宅などを訪問してケアする訪問介護がメイン。その後、身体、知的、発達に何らかの障害を持つ子どもを対象とした「放課後等デイサービス（放課後デイ）」へビジネスを拡充しました。

設立から9年ほど経ってから、私たちは大型の施設介護へ乗り出す決断を下しました。メンバー全員で理念を共有したうえで、大型施設でより多くの要介護者を受け入れてケアしようと考えたのです（その経緯については第6章を参照）。

ビジョナリーは元々私と姉が立ち上げたファミリービジネス。姉の友人の女性を含め、わずか3名でスタートしました。

介護は典型的な労働集約型の仕事であり、マンパワーで成り立っています。担い手が集まらない限り、事業の拡大は望めません。

人材確保は設立当初からの悩みでした。多くの利用者を受け入れる大型の施設介護を始めるとなると、人材の確保はより喫緊の課題となります。

施設介護ビジネスを軌道に乗せるには、施設を満床に近くする必要があります。

訪問介護であれば、介護スタッフさえ手配できたら、利用者が増えても減ってもかかるコストはほとんど同じですが、施設運営には家賃や光熱費といったコストがかかります。入居者が3人でも30人でも、かかるコストはほぼほぼ同じですから、できるだけ満床に近くしないと黒字転換は難しいのです。

国の基準は介護施設によって異なりますが、一般的に入所者3人に対して1人以上の介護者が必要と定められています。

大型の施設介護への進出を考え始めた頃のビジョナリーは、総勢で20名前後。スタッフは泊まり込みで働き、寝る時間も削り、なんとかやりくりしている超エマージェンシー状態でした。

そこで「新しく介護施設がオープンします。利用者さまと介護スタッフを大募集しています」というチラシを周辺に配り、スタッフを増やそうとしました。求人メディアでも募集もかけましたし、派遣会社にも依頼しました。

使える伝手《つて》は何でも使う覚悟で、取引先の担当銀行マンにまで「誰かいい人、いませんか？」と聞いたりしました（ダメ元だったのですが、幸いにもその方からは介護経験者の若い男性を紹介してもらい、早速ニューオープンさせた施設介護のリーダーになってもらいました）。

それでもまだまだ人手が足りません。その状況を打破するために出てきたのが、社内にフィットネス実業団を作るというもの。「マッチョ介護」の爆誕です。

フィットネスコンテストへの出場で気づいたこと

私がフィットネスに注目したのは、次のような体験が元になっています。

2016年、私は体型と健康を維持するために、ジムで筋トレを始めました。学生時代から格闘技などで身体を鍛えてきたつもりだったのですが、30代になってその衰えを自覚するようになったからです。

そこで、ジムのトレーナーにアドバイスされたのは、「漫然と鍛えるだけではなく、何か目標を定めた方がトレーニングは長続きする」ということ。

その通りだと納得した私は、「スタイリッシュガイ」というカテゴリーでボディコンテストへの出場を決意しました。このカテゴリーの男性部門では、全身の適度な筋肉量、シェイプされた造形美、男性美、健康美を競います。

トレーニングとダイエットに励み、私は数カ月後のコンテストに出場しました。

他の参加者たちはトレーニング歴がもっと長く、入念に準備を重ねた素晴らしいボディの持ち主ばかり。私はあえなく予選落ちしました。想定内です。

体脂肪率も4％まで絞り、トレーニングも自分なりにやりきった感が十分ありました。そもそも出場することが目的だったので、予選落ちしてもまったく悔しくなく、私はヘラヘラしていました。

決勝でチャンピオンが決まったのを見届けてから、帰り支度をしているとき、人混みから外れた公衆電話の陰でうずくまり、大粒の涙をボロボロと流している男性の姿を偶然見かけました。

何事かと目を凝らしてよくよく見ると、決勝のステージで3位になった参加者でした。自分的には、選手の控室でも、ステージ上でも、見ていていちばん仕上がっているなと密かに思っていたので、覚えていたのです。

あえなく予選敗退した身からすると、3位入賞でも誇らしい立派な成績だと思っていました。そんな彼が人知れず男泣きする姿を見たとき、私は予選落ちしてもヘラヘラしていた自分が心底恥ずかしくなりました。

それと同時に、1位を目指して本気で努力を続けて、それが叶わないときに全力で泣ける姿を心からカッコいいと思い、強い憧れの気持ちを持ちました。そして「こんなカッコいい男たちが、介護で働いてくれたら、業界が変わるのではないか」「カッコいい男たちに憧れて、介護を志す若者が増えるのではないか」と考えるようになったのです。

後述するように、私は元美容師。美容師を志した背景には、1990年代後半のカリスマ美容師ブームがありました。

そのブームがピークに達したのは、木村拓哉さんが美容師をスタイリッシュに演じて、41・3％という驚異的な最高視聴率を記録した『Beautiful Life～ふたりでいた日々～』(2000年、TBS系列）の人気です。

多くの若者がキムタクに憧れて美容師を志したように（私もその一人でした）、カッコいい人が介護業界のカリスマ的存在になってくれたら、介護士を志す若手・男手が増えるのではないかと期待したのです。

フィットネス実業団の構想が誕生

私たちが、オリンピックなどで活躍するアスリートを応援したくなるのは、目標に向かってひたむきな努力を続ける、嘘偽りのない姿に心を動かされるからでしょう。

ボディコンテストの出場者に限らず、誰もが応援したくなるようなアスリートに、介護業界で働いてもらい、若者にアピールするにはどうすればいいのか。コンテスト出場を機に閃いたアイデアを、社内で幹部たちとブラッシュアップしている過程で出てきたアイデアが、企業スポーツに取り組み、実業団を作るというものでした。

野球、陸上、サッカー、ラグビー、卓球、バレーボール……。大手企業を中心として企業スポーツに熱心で実業団を抱えているところは数多くあります。

でも、介護業界では、私が知る限り、実業団を持ち、企業スポーツに取り組んでいるところはまだありませんでした。

実現させようとリサーチを重ねてみると、ネックになるのはやはりお金だとわかってきました。ことに、野球やサッカーやバレーボールのようなチームスポーツだと、多くの選手を抱える必要があり、練習場やトレーナーを確保したり、高価な道具を揃えたりすることが求められます。それには、まとまった資金が不可欠です。

チームスポーツの実業団を作るのはどうやら資金的に難しそうだとわかってきたとき、私の頭に浮かんだのがやはりフィットネス。

ボディコンテストは個人競技。各々が好きな時間にジムで鍛えればいいですし、トレーナーや必要な道具もジムに全部揃っています。野球やサッカーなどのように出費が嵩むことはなさそうです。そして、介護業界に限らず、企業スポーツとしてフィットネスに取り組んでいる企業は、まだどこにもないようでした。

おそらく日本初となるフィットネス実業団構想を温めるようになった私は、コンテストに出場した選手たちにコンタクトを取り、話を聞いてみました。

そこで明らかになったのは、トレーニング時間の捻出、食事や体調の管理に悩みつつ、彼らが仕事とフィットネスの両立に苦労している現状でした。

「会社が理解してくれそうにないから、コンテストに出ていることは黙っている」

「コンテスト前の体脂肪量を絞る減量期に、付き合いで飲み会などが入ると困る」

「趣味で本格的に筋トレをしているとうっかり上司に告白したら、〝そんな余分な時間があるなら、もっと仕事に励め！〟と怒られてしまった」

仕事もフィットネスも両方頑張っているつもりなのに、周囲の無理解に悩んでいるトレーニー（トレーニングをしている人）たちの厳しい実態がわかってきました。

ジムでパーソナルトレーナーとして働く人もいました。

パーソナルトレーナーはやりがいのある素晴らしい仕事ですが、彼らの能力や魅力を活かす働き方は他にもあるでしょう。

トレーニーがもっと輝ける場所の一つは、介護業界ではないだろうか。野球やサッカーといった企業スポーツと同じように、介護を本業としながらも、フィットネスを続ける道もあるのではないかという思いは強くなりました。

そこで「仮に、フィットネスの実業団を持つ企業があれば、入社したいと思う？」と尋ねてみたところ、多くのトレーニーが「興味がある」「入社したい」と前向きな返事をしてくれました。

ガチなボディビルとは違い、最近増えてきたボディコンテストはハードルが低くなり、私のような初心者でも気軽に参加して楽しめるようになっています。

競技人口が爆発的に増えた結果、ＳＮＳ上で筋肉系インフルエンサーも活躍しており、なかには数万人のフォロワーを持つ人気者もいるようでした。

人気の筋肉系インフルエンサーも巻き込みつつ、発信力が強化できたら、介護に興味を持っていなかった多くの若者にもリーチできるでしょう。

影響力のあるインフルエンサーでなくても、身体を鍛えている人の発信力は総じて高くなる傾向があります。

いくら身体をキレキレに鍛えたとしても、広く公にそのボディを発表できるのは、もっぱら限られたコンテストの場。あとは夏場のビーチくらいしか披露の機会がありません。だからこそ、フィットネスに夢中な人ほど、自慢のボディやトレーニング風景を、SNSなどを通じて発信したくなるのでしょう。

フィットネス実業団を作れば、選手たちは自ら進んで広告塔の役目を引き受けて、誇らしげなボディや日常のトレーニングシーンだけではなく、介護に関する情報も積極的に発信してくれるはず。その発信力も、介護業界に若い人材を集めるパワーになると私は期待するようになったのです。

若者120人へのアンケートからわかったこと

2017年6月、フィットネス実業団を作るにあたり、私はスタッフ3人を引き連れ、本拠地・愛知県一宮駅でおよそ120人の若者に街頭アンケート調査を実施しました。「どんなところで働きたいですか?」との問いに対して、次のような4つの選択肢を用意してアンケートを取ってみたのです。

〈あなたはどんなところで働きたいですか?〉

❶給料がいいところ

❷人間関係がいいところ
❸福利厚生がしっかりしているところ
❹自分の仕事（夢）が実現できるところ

　すると全体の約8割が選んだのが、「❷人間関係がいいところ」という答えでした。

アンケートを実施する前、私は「❹自分の仕事（夢）が実現できるところ」という答えが多いのではないかと想像していました。

　ところが、アンケートに答えてくれた若者に話を聞いてみると、「自分のやりたいことがまだ見つからない」「夢と呼べるようなものがない」という声が圧倒的。夢を探し、追いかけるよりも、まずは「❷人間関係がいいところ」で楽しく働きたいと考えている現実主義者の若者が多かったのです。

　そういう意味でも、フィットネス実業団があり、トレーニングやスポーツを応援し、マッチョな人たちが仲良く元気よく働いている職場環境を整えてやれば、男女を問わず多くの若者たちにアピールできそうだという予感が高まりました。

　そしてフィットネス実業団の圧倒的な存在感により、「なんだか魅力的な会社があるな。

どんなところだろう」と興味を抱いてもらえるようになり、さらに「へぇー、介護の会社なんだ。介護って仕事としてどうなんだろう」と関心を喚起できるのではないかという希望も膨らんできたのです。

仕事として介護が眼中にない若者にいきなり興味を持ってもらうのは正直難しいので、まずフィットネス実業団を通してビジョナリーという会社に興味を持ってもらい、その先に介護への注意・関心が高まればいい。そう考えたのです。

筋肉系インフルエンサーの力を借りました

会社組織ですから、いくら社長の私のアイデアでも、フィットネス実業団を独断専行で作るわけにはいきません。

「施設介護を成功させて介護業界に若手・男手を大勢呼び込むために、うちにフィットネス実業団を作りたい」と全体会議で提案したところ、その場が一気に静まり返りました。「シーン」という音が聞こえた気がしました。

あとになって、そのときの会議の参加者に話を聞いてみると、「意味がわからなくて、ほとんど話を聞いていなかった」「やりたいようにやればいいいと諦めていた」「社長、また始まったわと思った」という声が返ってきました。

フィットネス実業団は、前代未聞のうえに、社内からも賛同が得られない、アウェー&向かい風からの船出になったのです。

フィットネス実業団というアイデアに自信があったとはいえ、社内にも理解者がおらず孤立無援となり、この先どうやって進めていくべきかを悩みました。

そこで私は、筋肉系インフルエンサーの力を借りることにしました。

以前から気になっていた人気の筋肉系インフルエンサーのSNSにDM（ダイレクトメッセージ）を送り、「介護ビジネスの事業所が、新たにフィットネス実業団を作ろうとしています。前例のない試みなので、何もかも手探りです。軌道に乗るまで、どうかお力を貸していただけませんか？」と頼んでみたところ、幸いにも「面白そうですね。具体的にどういうお話でしょうか？」という返事が返ってきました。

そのインフルエンサーは大阪出身。そのときは東京在住でした。

私は新幹線で東京まで出向いて、「直に説明させてください」とインフルエンサーの説得を試みました。一度ならず、二度、三度と説明を繰り返しているうちに、私自身もボディコンテストに出ている経験があり、介護ビジネスが抱えている慢性的な人材不足という課題を、フィットネスという新しい切り口で突破したいという思いが伝わり、全面的な協力が得られることになりました。

その方は東京からわざわざ、一宮市へと転居してくれました。そして、現場を見ないとわからない介護をめぐるリアルを踏まえたうえで、インフルエンサーとして介護ビジネスとフィットネスの相性の良さ、これから日本初のフィットネス実業団が立ち上がり、介護ビジネスで働きながらトレーニングに励む人材を求めていることなどを盛んに発信してくれるようになったのです。

本気度合いを示し、フィットネス関連の人脈をさらに広げるために、私も再度コンテストにチャレンジしました。そのときは無事に予選を突破して、愛知県で4位という評価を頂戴しました。

胸を張れるような実績ではありませんが、フィットネス実業団構想を各方面にプレゼンする際、私自身がボディコンテストに出てある程度の成果を収めたという事実は、その説得力を増してくれたと自負しています。

フィットネス実業団の選手は、1日2時間は仕事として筋トレに励みます

自らの体験を踏まえて、このインフルエンサーとも話し合いながら、フィットネス実業団を少しずつ具現化しました。それにつれて社内の理解も得られるようになり、追い風が吹くようになってきました。

潤沢な余剰の資金を持つ大手企業には、実業団の選手にはスポーツに専念してもらい、本業は最小限に留めるところも多いようです。

しかし、私たちに大手企業のような資金的な余裕はありません。フィットネス実業団の選手たちにも、自らの人件費くらいは稼いでもらわないと経営的に厳しいという現実がありました。

そこで考え出したワークスタイルが「6＋2」。

1日8時間の労働時間のうち、6時間は介護の現場で戦力として働いてもらい、2時間は仕事としてトレーニングに励んでもらうというものです。

それを含めて選手たちに定めた待遇は次の通りです。

〈フィットネス実業団の待遇〉

❶筋トレは2時間まで勤務扱い（現場6時間＋筋トレ2時間＋休憩1時間）
❷プロテイン代を月2万円支給（プロテインとは、タンパク質のサプリメント。筋肉を作るのはタンパク質なので、ボディメイクにプロテインは欠かせません）
❸ジム利用料は無料（『フィットイージー』というジム全店舗を無料利用可能）
❹コンテスト出場当日は出勤扱い
❺コンテスト出場にかかる費用や交通費を支給

待遇が決まり、フィットネス実業団の募集をＳＮＳで開始したところ、いきなり40件近くの問い合わせが寄せられました。

そこから、選考と面接を経ながら、合計5人を採用。その際、コンテストの出場経験も豊富なくだんのインフルエンサーが、「この人ならコンテストで3位以内が狙えそう」といった専門的なアドバイスをしてくれました。

採用の基準は第一に、各種ボディコンテストの全国大会に出場して上位入賞を狙えるレベルであること。地方大会なら、文句なしに優勝できるレベルです。私は、愛知県のコンテストで4位でしたから、仮に私が応募しても実業団には入れません。

少々ハードルが高いと思われるかもしれません。

でも、フィットネス人口はかなりの数に上っており、SNSでは自撮りしたナイスボディを毎日のようにアップする人が大勢います。彼らに交じって埋没するようでは、広告塔の役目は果たせません。介護業界のアピールにもつながらないでしょう。

ですから、あえてハードルは高く設定しているのです。

選ばれた選手は20~30代。愛知・岐阜・三重の東海3県に加えて、遠く福岡県から引っ越して入社・入団を決めてくれた若者もいました（ちなみに、選手の引っ越しに伴う費用は全額、会社が負担しています）。前職はいろいろでしたが、なかには消防士を志していた大学新卒者も含まれています。

そして2018年2月、ついに日本初のフィットネス実業団を設立。

チーム名は「7SEAS」。7SEAS（セブンシーズ）＝「7つの海」には、日本だけに留まらず、世界に私たちの活動を広げていきたいという想いを込めています。

なぜなら、介護は日本だけが抱えている固有の課題ではなく、昨今話題のSDGs（持続可能な開発目標）の一つでもあり、先進諸国を始めとして地球的な規模のテーマになると思っているからです。

その後もSNSを介してフィットネス実業団に関する情報の発信を続けており、テレビやネットなどさまざまなメディアに取り上げていただいたこともあり、日本全国から応募の連絡をコンスタントに頂戴できるようになりました。

選手だけではありません。一般社員として入社した若い男性には、働きながら余暇に鍛え続け、採用基準をクリアしてフィットネス実業団入りを狙っている人もいます。

野球や陸上といった大学スポーツでは、スポーツ推薦で入った有力な学生がレギュラーになり、活躍するのが普通です。なかにはスポーツ推薦が取れなかったとしても、一般入試で入学した後、希望するところに入部し、スポーツ推薦組と切磋琢磨しながらレギュラー獲得に向かって邁進する学生もいます。それと同じですね。

介護は体力勝負ですし、介護士こそ誰もが憧れる対象になってもらいたいと思っているので、ビジョナリーでは実業団選手以外でも、提携しているジムを平日の勤務時間外や休日など、好きなときに無料で通える仕組みを整えています。

その仕組みをフルに使えば、一般社員↓フィットネス実業団選手という道が叶えられる可能性は十二分にあり得るのです。

初体験でも「この仕事を続けよう！」と思える魅力が介護にはあります

採用したフィットネス実業団の選手たちは、全員が介護初体験でした。仕事としてもそうですし、介護が必要な家族もいなかったのです。

そこで彼らには、入社する前にインターンとして介護の現場仕事を経験してもらいました。せっかく入社したのに、「こんなはずではなかった」とか、「俺にはやっぱ無理だわ」などと失望して辞められるより、事前に介護という仕事がどんなものかをわかっておいた方が、双方にとって良いと考えたからです。

入社を正式に決める前、訪問介護と施設介護を1日ずつ体験してもらってから、彼らにじっくり話を聞いてみました。すると「何もかもが初体験で、何をするにも手際が悪くて下手なのに、利用者の家族から〝今日1日、本当にありがとう〟と何度も感謝されました」とか、「初対面なのに〝あなた、次はいつ来てくれるの？〟と尋ねられてビックリしました」といった感想が返ってきました。

若い男性というだけでも珍しいのに、何事も軽々とこなす頼り甲斐満点のマッチョたちが介護を担ってくれるのですから、利用者とその家族には感謝の気持ちが湧いてくるでしょうし、「またぜひ来てほしい！」と願うことでしょう。

インターン体験後、「介護、俺にはやっぱ無理っす」と言い出すマッチョは、誰一人いませんでした。全員が彼らなりにやりがいと楽しさを感じてくれたようで、採用を決めた5人全員が予定通り入社を決めました。個人的な事情でパート社員からスタートした選手もいましたが、それ以外は全員が正社員での採用です。

フィットネス実業団の設立後、ビジョナリーに興味を持って入社してくれた多くの若者たちと接しているうちに、彼らには自己肯定感が低いタイプが多いと感じるようになりました。それは、マッチョと言われる実業団の選手も例外ではありません。

現代は多くの情報で溢れており、私たちが1日に接する情報量は平安時代の一生分、江戸時代の1年分とも言われています。

なかでも、SNSなどを介して発信される個人情報には、SNSのフォロワー数、海外旅行、星付きレストランでのグルメ体験、愛用のブランド品などを自慢してマウンティングするものが数多くあります。

虚実を織り交ぜた膨大な情報に晒され続けているうちに、自分は取り柄も特徴もない、ちっぽけな人間だと疎外感を持つタイプも多く、それが若い世代の自己肯定感の低さにつながっているのではないか。私はそう考えています。

自己肯定感が低すぎる現代の若者たちにとって、インターン時に選手たちが体験したように、介護で「ありがとう！」と日常的に感謝されて、頼りにされているという実感が得られたら、「自分は自分でいいんだ」という当然の事実が再確認できるようになります。これは、介護の仕事に出合った頃、私自身が実感したことでもあります。

こうした体験により自己肯定感が高められたら、社会人としての自信と自覚、人間的な成長にもつながるでしょう。それは一般社員でも、フィットネス実業団の選手でも、同じだと私は思っています。

フィットネス実業団の今後にはこんな展望があります

フィットネス実業団は作って終わり、一時的な話題作りでおしまいではありません。

今後もずっと継続し、多彩に活動していきたいと思っています。

そのためにも、フィットネス実業団の選手たちの活動を社会に還元しながら、さらなるステージアップを図りたいと考えています。

そのための施策は現在、大きく4つあります。

❶トップ選手をトレーニングマネージャーに招聘しました

野球や駅伝といった他の企業スポーツと異なり、フィットネス実業団には特定のライバルがいません。介護業界に限らず、同じような実業団を作っている企業がないため、企業対抗戦のような試みができないのです。

フィットネス自体は個人競技とはいえ、ライバル不在で実業団全体の実力を高める真摯な努力を怠ったら、私たちの自己満足で終わってしまいます。

そこで、フィットネス業界のトップ選手をトレーニングマネージャーとして招聘することにしました。

それが、エドワード加藤選手。

彼は数々の競技会で優勝を収めてきた強者。21年5月には、日本人で9人目となるIFBB（国際ボディビルディング・フィットネス連盟）プロとなった日本トップクラスのプロフィジーカーです。インスタグラムのフォロワー数は21万人を超えており、自ら立ち上げたアパレルブランドの敏腕経営者としての顔も持っています。

そんなフィットネス界を代表する日本のトッププロからの指導を仰ぎながら、実業団のさらなるレベルアップを図るとともに、エドワード選手の各方面にわたる活躍ぶりが介護業界のイメージを覆すことにも期待しています。

❷企業間のチーム対抗戦を開催します

前述のように、現在はフィットネス実業団同士で切磋琢磨する環境は、残念ながら整っていません。

この状況に一石を投じる挑戦の一つとして、私たちはフィットネスコンテストを運営している団体APF（アジア・フィジーク・フェデレーション）さんとの共同企画として、チーム対抗戦を開催する計画があります。

ボディコンテストは個人戦。個々がそれぞれの肉体美を競いますが、それに加えてチーム対抗戦（団体戦）という新たなカテゴリーを創設。そうすれば実業団のない企業でも、所属する社員が選手として企業名を背負い、企業代表としてコンテストに出場できます。ボディコンテストにおける日本ナンバーワン企業を決めようという試みです。

このようなコンテストに参加する企業が増えてくれれば、長い目で見て日本企業を元気にしてくれると同時に、日本の経済や社会の活性化にもつながるのではないかと私たちは考えています。

日本では昨今、「健康経営」に取り組む企業が増えています。

健康経営とは、働く人の健康管理を経営的な視点で捉えて、その活力アップや生産性の向上につなげようというもの。私たちの試みを健康経営的な視点から評価して、フィットネスを単なる個人の趣味ではなく、働く人の健康管理の一環と捉えて応援する企業が増えることを期待しています。それは、日本の企業、経済、社会を明るく元気にする一助となるのではないでしょうか。

❸障害を持つ方々のコンテストの開催を考えています

海外では、障害を持つ方々がステージに立つボディコンテストが開催されており、健常者の大会と同様の盛り上がりを見せています。

オリンピックとともに行われるパラリンピックでも、下肢に障害を持つ方々のベンチプレスであるパワーリフティングが行われています。

なかでも、イランの英雄シアマンド・ラーマン選手は、２０１６年のリオデジャネイロパラリンピックのパワーリフティングで、自身の世界記録を更新する310kgを挙上。ほぼ同条件で行われる健常者の記録を超えて大きな話題となりました（ラーマン選手は、東京オリンピック・パラリンピックでの活躍も期待されていましたが、コロナ禍で1年延期が決まる直前、心臓発作で永眠されました）。

ビジョナリーでは、障害者の介護にも力を入れています。ですから、エドワード加藤さんとともに、障害者のボディコンテストをどのように開催し、パワーリフティングを始めとする日頃のトレーニングの成果にスポットライトが当たるような舞台作りをより具体的に考えたいと思っています。

❹学生の部活動としてボディビル部をもっと広げます

野球や駅伝といった人気の企業スポーツのバックグラウンドには、それぞれの学生スポーツの存在があります。

野球や駅伝に取り組む学生が多いからこそ、企業スポーツとして人気が出ます。そこに憧れの気持ちを持つ若者たちも大勢出てくるのです。

フィットネス実業団や、チーム対抗の企業対抗戦を盛り上げるための、草の根的な活動の一環として、ボディビルに取り組む学生を増やしたいと考えています。

そのために、うちの実業団の選手や、パートナーシップを組むAPFの選手たちを、興味を持ってくれた学校に派遣。学生スポーツとしてのボディビルの更なる底上げを図り、その成果を競うコンテストの開催も視野に入れています。

マッチョを大事にする会社は、人を大事にしてくれる会社

私たちがフィットネス実業団を立ち上げると、マッチョ×介護という新鮮なマッチングは多くのマスコミから注目されました。

立ち上げから選手の採用まで深くコミットしてくれたインフルエンサーは、実業団が軌道に乗ってからは契約が切れて東京へ戻りましたが、その後もビジョナリーの応援団としてマッチョ×介護の新しい世界観を応援し続けてくれています。

実業団の選手にも、SNSなどを通じて情報を活発に発信してもらいました。すると、熱気あふれるトレーニング風景やコンテスト出場時のキレキレの肉体美と、利用者とその家族への優しい気遣いにあふれた介護シーンとのギャップが大きな反響を呼び、多数のコメントを頂戴するようになりました。

私たちに反響を寄せてくれたのは、実業団への入団を希望する選手だけではありません。むしろ、フィットネスに縁もゆかりもないタイプの人からのメッセージが多く寄せられるようになったのです。

「自分自身はトレーニングをしているわけではないですが、日々鍛えているマッチョさんがいっぱい働いている会社って何だか楽しそうですね」

「若い人たちのチャレンジを全面的に応援してくれる会社なら、私もいつか働いてみたいと思いました」

「介護という仕事に勝手に抱いていた暗いイメージが、ガラリと変わりました！」

そういった声が多く寄せられたのです。私の狙いは、当たったのです。

同じような反応は、たとえば「猫カフェ」を併設している会社にも、寄せられているという話を聞いたことがあります。

「猫に優しく、動物を大事にしてくれる会社なら、働く人一人ひとりもきっと大切にしてくれるに違いない」と考えるのでしょう。

マッチョと猫を同一視しているわけではありません。でも、どの業界でも、これまでにない価値を新たに作ろうとするなら、従来の常識の枠に収まらないような斬新な発想が求められます。ＳＮＳを通じてメッセージを寄せてくれた人たちは、そんな気配を私たちに感じてくれたのでしょう。

ビジョナリーのインスタグラムのフォロワー数は、フィットネス実業団を作ってから一気に増えて1万を超えました。この数字は、他の企業のフォロワー数と比べて自慢できる数ではないとしても、介護業界のフォロワー数としては画期的なもの。実業団の活動を通じて、介護業界への関心を高めて、それが業界を変える第一歩になっているという確かな手応えを得ています。

２０２０年には、うちのスタッフの結婚式の余興で、出席した実業団の選手たちが上半身裸でプチコンテストを行った模様をＳＮＳにアップしたところ、「いいね！」が6万を超えて大いにバズったこともあります。

現在、ＳＮＳなどを介した年間の入社問い合わせ件数は３００件程度。その10％にあたる30件ほどが、フィットネス実業団への問い合わせとなっています。

第2章
介護ビジネスこそが日本を救う

「なりたい自分」を諦めなくてもいい世界にします

私には履歴書で誇れるような学歴、特技はなく、介護における経験値もまったくゼロでビジョナリーをスタートさせました。

それでも、今日まで介護の仕事を続けてこられたのは、学歴や特技や経験はなくても、自らの目指すべき未来と向き合う熱量、そのビジョンを実現するための発想力だけは、他の誰にも負けなかったからだと思います。

「ビジョナリー」という社名にも、未来へのビジョンを持って熱く仕事をするのだという願いを込めています。

現在、私たちが高く掲げているビジョンは、『「なりたい自分」を諦めなくてもいい世界にする』というもの。

「自慢できるような学歴がないから」
「身体や心や発達に障害があるから」
「シングルでまだ小さな子供がいるから」

さまざまな理由で、「なりたい自分」を諦めてしまう人たちがいます。

でも、どんな高いハードルが目の前にあったとしても、「なりたい自分」を諦めなくてもいいように、その気持ちを全力で応援する。それが私たちのビジョンなのです。


このビジョンは、私自身のこれまでの経験を反映しています。

のちほど詳しく語るように、私はこれまで多くの挫折と失敗を繰り返してきました。

会社を興して介護の仕事をスタートさせたときも、介護に興味を持っていたとはいえ、初めから高い理想を掲げていたわけではありません。

それでも、まわりの温かい支えがあり、時流や幸運にも助けられながら、ここまで仕事を続けられました。

おかげさまで、現在では毎日楽しく仕事をさせてもらっています。

その理由は、ただ一つ。

私が「なりたい自分」を諦めないと決めたからだと思います。

振り返ると、介護の仕事を始めたばかりの頃、私はコンプレックスの固まりでした。失敗の連続で自信を完全に失い、他人と比べてこれといった強みは何もないという劣等感に苛まれていたのです。

ちょうどその頃、私は1冊の本と出合いました。

直江文忠さんというカリスマ起業家が書いた『無駄に生きるな熱く死ね』(2006年、サンクチュアリ出版)という本です。

この本を読んでみて私が強く思ったのは、「学歴も能力も経験もないけれど、自分がこれから〝何者〟になるかはどこの誰にもわからない」ということ。裏を返すと、「自分はまだ〝何者〟にもなれるチャンスがある」ということでした。

何者=「なりたい自分」に少しでも近づくためには、何よりもそこへ向けて未来のビジョンをどう思い描くかという発想力が求められます。

それを本気で叶えたいと願うなら、そのために今日から努力を始めればいい。それは、学歴や特技や経験がなくてもできるはずです。

ビジョンを真剣に実現したいという自分との約束を最後まで裏切らず、一日一日を正直に生きていれば、「なりたい自分」に少しでも近づけるに違いない。その本と出合ってから、私はそう固く信じるようになったのです。

『「なりたい自分」を諦めるな。そこに近づくためにビジョンを持て』と言われても、「そんなものはない！」と突っ込みたくなる人もいるでしょう。

私自身、介護の仕事を始めるまではそうでした。

でも、仕事を続けているうちに視野が少しずつ広がり、いつの間にか『「なりたい自分」を諦めなくてもいい世界にする』という大きなビジョンが思い描けるようになり、福祉・介護で日本を変えたいというミッション（後述）が心に宿り始めたのです。

未来やビジョンといった言葉を使うと、往々にして「社会を変える」とか「世界を変える」といった壮大なものをイメージしがち。

しかし、「稼ぎたい」でも「女性・男性にモテたい」でも「もっといいところに住みたい」でも「好きなインフルエンサーが付けていたのと同じ高級な腕時計がほしい」でも、何でもOKです。

どんなに小さなビジョンでも、自分自身を信じて諦めずにステップアップしていくうちに見える景色が変わり、新しいビジョンが徐々に見えてくるはずです。

たとえ小さくてもビジョンを心に思い描き、自らを信じて小さな努力をコツコツと続けていく。そんな人たちを、私たちは応援したいのです。

福祉・介護で世界を動かすのが私たちのミッションです

『「なりたい自分」を諦めなくてもいい世界にする』というビジョンを達成するために、私たちにはどんなミッション（使命）があるのか。

介護ビジネスを手掛ける私たちのミッションは、「福祉・介護で世界を動かす」ということに他なりません。

福祉とは、障害や病気の有無や、介護の必要性にかかわらず、すべての人びとの幸せで安定した暮らしを達成しようとすること。介護は、その大事な柱の一つです。

世界を動かすには、日本を動かすことが先決です。

バブル崩壊以降、「失われた30年」を経て、日本経済は低迷を続けており、ほとんど成長していません。少子高齢化を背景とした人口減少はすでに始まり、足元ではインフレにも悩まされているのが現状です。

ネットなどには「日本、終わった」という悲観的な論調も目立つようになり、全体的に閉塞感が漂っています。ですが、私は福祉・介護こそが日本を動かして再浮上させる原動力の一つになると信じています。

現在、介護が必要な方々のうち、私たちのような介護サービスを利用している人の割合は2割以下。残りの8割は、家族などがケアしているようです。

介護を支える家族のなかでも、近年話題となっているのが、ヤングケアラー。

ヤングケアラーとは、本来大人が担うと想定されている家事や家族の世話などを、日常的に行っている子どものことです。

厚生労働省においては文部科学省と連携し、ヤングケアラーに関する調査研究が行われています（出典：日本総合研究所『令和3年度　ヤングケアラーの実態に関する調査研究』）。

それによると、家族の世話をしていると回答した小学生は6・5％。小学生の15～16人に1人がヤングケアラーであり、1クラスに2人ほどいる計算。世話をしている家族は、きょうだいがもっとも多くて71・0％、次いで母親が19・8％となっていました。

また、家族の世話をしている大学3年生は、「現在いる」が6・2％、「現在はいないが、過去にはいた」が4・0％。

今後、少子高齢化と人口減少がもっと進んでいくと、ヤングケアラーはますます増えていく恐れがあると言われています。

子どもたちは国の宝であり、未来そのものです。若者の柔軟でクリエイティブな発想こそがテクノロジーにイノベーションを巻き起こし、経済の活性化&成長につながると私は思っています。

ヤングケアラーを筆頭に、未来を担うべき子どもたちが介護に時間を取られてしまい、進学を諦めるなど必要な学びのチャンスが得られなくなるのは、国全体にとっても将来の日本経済にとっても大きな損失です。

前述の調査研究でも、家族の世話を始めた時期が大学進学以前の人では、50%以上が、「世話をしていることで大学進学の際に何かしらの苦労したこと・影響があった」と回答しています。

超高齢者社会を迎えると、平均寿命と健康寿命（介護・医療に依存せず、自らの心身で生命を維持し、自立した生活が送れる生存期間）にはタイムラグが生じますから、一生の間には介護の世話になる人が大半でしょう。

いまは介護に時間を取られないとしても、若者世代に家族や自分自身に将来的な介護への不安があると、未来に明るいビジョンを思い描き、そこへ向けて学びを深めたいという心のゆとりはなくなるかもしれません。

福祉・介護の業界がもっと頑張り、若い世代が伸び伸びと活躍できる社会的な環境作りの一翼を担えたら、それは日本を前へ前へと突き動かす力になるはずです。

福祉・介護をめぐる問題は、日本だけの話ではありません。

先日、ドイツのメディアから取材を受けた際、「高齢化はドイツでも大きな社会問題であり、介護に関わる人材が少ないことが課題になっている。フィットネス実業団というあなたたちの試みは画期的だから、ぜひ本国でも伝えたい」と評価してもらえました。

日本やドイツだけではなく、お隣の韓国や中国でも高齢化が進むと、介護される人は増える一方なのに、介護の担い手が少なくなるという共通の課題にぶつかります。

福祉・介護で社会や経済が変わると私たちが日本で証明できたら、その試みは世界でも共有されて社会や経済を動かすでしょう。

世界共通の課題を解決するためにも、若い世代が介護業界にもっと積極的に関わるとともに、介護から解放された若者たちが、新しい世界を突き動かす原動力になってくれる。そのための土台作りをするのが、私たちのミッションだと思っています。

新たな風を吹かせ続け、業界に刺激を与え続けたいと思っています

ミッションを自分たちらしくやり遂げるには、ビジョナリーという会社の存在価値、立ち位置を明らかにする必要があります。これを「パーパス」として設定しています。

私たちのパーパスは、「新たな風を吹かせ続け、業界に刺激を与える」というもの。

介護に限らず、福祉の業界は、人材不足などの構造的な課題を抱えています。

福祉・介護に関わっている人たちで、「このままでいい」と思っている人はおそらく誰もいないでしょう。

問題・課題があるのは明らかなのに、どうやってその壁を乗り越えていけばいいのかがわからない。そんな八方塞がりの状況を鮮やかに打開する突破口を作るのが、私たちに課せられたパーパスだと勝手に思っています。

私たちは業界では後発で新しい企業だからこそ、それまでの常識やしがらみ、保守的な考え方に捉われる必要がありません。

自由な発想力を武器としてあえて異端児的に振る舞い、業界に新しい風を吹かせ続ける〝台

風の目〟となりながら、構造的な問題・課題を解決するヒントが少しでも提供できればいいと考えているのです。

そこで重要なのは、互いに競争して切磋琢磨できる環境を作ること。

どんな業界でも、競争がないと進歩は望めません。

野球評論家の広岡達朗さんが、恵まれた才能の持ち主であるプロ野球読売ジャイアンツの坂本勇人選手が〝堕落〟してしまったのは、チーム内にライバルが不在だったからだと指摘している記事を読んだことがあります（これは広岡さんの期待の大きさの裏返しで、言うまでもなく坂本選手は偉大なる野球人です）。

ライバルの重要性は、福祉・介護の業界でも同じだと私は思います。

ことに介護サービスは、内容が同じなら、日本全国どこでも単価は同じ。国民が負担している介護保険が大元の収入源ですから、提供するサービスが同じなら、事業者側が利用者一人あたりで得られる利益は同じです。

加えて介護業界では、サービスを利用したいという需要が、私たちのような供給サイドを遥かに上回っています。より良いサービスの提供を考えなくても、最低限のサービスが提供できていれば、利用者の獲得には苦労しないのです。

このような特異な環境下であり、油断すると〝ぬるま湯体質〟に陥りがちな業界だからこそ、後発の私たちが新風を吹かせることが使命だと思っています。

ぬるま湯に首までどっぷり浸かった事業者しかいないエリアに、私たちが進出したら、「スタッフみんなが楽しそうに働いているから、どうせ介護に関わるなら、あそこで仕事をしてみたい！」という若い人材が大勢集められるかもしれません。

そして「あそこは若い男性が大勢いるし、いざというときに頼りになりそうなマッチョもいるから安心できそうだ」と思った利用者が〝引っ越し〟を考えるようになったら、既存の事業者は困り果てるでしょう。

誤解してほしくないのですが、私たちは他の事業者のシェアを無理やり奪い取ったり、売り上げを伸ばして規模を拡大したりしたいと思っているわけではありません。

私たちが吹かせた新しい風をモロに浴び、地域のライバルが私たちに負けないようにスタッフが働きやすい環境を整え、競い合いながら互いにより質の高い介護サービスが提供できることを願っているのです。

将来的には全国各地へとネットワークを広げながら、ライバルとの適正な競争を促し、日本の福祉・介護を取り巻く現状をより良く変えるのが、新参者の私たちに課せられた使命だと考えています。

「出会ってよかった人」でいるために備えたい3つのキャラクター

フィットネス実業団の選手以外に、社員採用の基準は何かありますか？

そういう質問を受けるたびに、私は次のように答えます。

それは『「出会えてよかった人」でいることです』というものです。

その場限りの都合の良い「出会えてよかった人」ではなく、一緒にいないときですら、「出会えてよかった人」と思えるような人を優先的に採用したいと考えています。

これは、私たちのコアバリュー。もっとも大事にしている価値観です。

実業団への応募者でも、どんなにナイスなボディをしていても、「出会えてよかった人」と思えるようなタイプでない限り、採用にはいたりません。

「出会えてよかった人」でいるために、私たちは次の3つのキャラクター（人柄）を備えてほしいと思っています。

❶ネガティブにならない

❷チャレンジを恐れない
❸悪口・陰口・噂話をしない

❶ネガティブにならない

第一に重視しているのは、ポジティブであること。

ポジティブかネガティブかは、おそらく性格の問題。大人になってから、性格を変えるのは容易ではありません。また、最新の脳科学によると、脳は元来ポジティブな情報よりもネガティブな情報の影響を受けやすく、ネガティブな情報ほど長く記憶に残りやすい特性（ネガティビティ・バイアス）があるようです。

でも、私は「働くうえでのポジティブはスキル」だと捉えています。

性格が根暗でネガティブだとしても、ちゃんとしたスキルが身につけば、仕事中はポジティブな考え方や行動に切り替えられると思っているのです。

たとえば、利用者さんが暴れて暴言を吐いたとします。

その事実は変えられませんが、どう捉えるかは変えられます。

それを「あの人の介護をするのは大変。鬱陶しい」と捉えていたら、ネガティブで終わります。次回の介護をするのに、腰が引けてしまうでしょう。

でも、「あの人の介護をするのは大変だけど、彼は僕らがいないと日々の生活が成り立たない。だから僕らが精一杯支えよう」と捉えたら、ポジティブになります。そして、「なぜ暴れて暴言を吐いたのだろう。どこに原因があるのか。何か対処法はないのかを、みんなで考えてみよう」と前向きな行動が取れるようになります。

ポジティブに捉えたからといって、それだけで暴力的な行動や暴言がなくなるわけではないでしょう。

それでも、働くスタッフ全員がポジティブになり、組織全体がポジティブに染まれば、時間はかかっても良い方向へ変えられると私は楽観しています。

スキルとしてのポジティブ思考を身につけるのに役立つのが、「ポジティブ日記」。1日の出来事を振り返って簡単な日記を書くのです。普通の日記と違うのは、必ずポジティブに締めくくること。美容師時代、私は毎日書いていました。

美容師になり立ての頃は、しんどいことも失敗も山ほどありました。先輩からもお客さんからも、叱られる場面が少なくありませんでした。

いまならSNSで毒付いて発散するところでしょう。私が美容師を始めた頃、SNSはまだ一般的ではありませんでしたから、日記で気持ちを吐き出そうとしたのです。

それでもただネガティブな気持ちを吐露して終わりでは虚しくなるだけ。そこで、何があっても、ポジティブに転換して締めくくるという決まりを作ったのです。

たとえば、先輩から仕事の手順について厳しい指摘を受けたとします。凹んでしまうところですが、その事実を日記に書いたうえで、最後は「これで自分は今日少しでも成長できた。明日の朝起きたら、もっといい美容師になっているはずだ」という具合にポジティブにまとめるのです。

同時に、自分がポジティブになれる、自身への褒め言葉も書き留めていました。「先輩から『早く来い！』と呼ばれてメチャ急いでいたのに、床に落ちていた髪の毛を面倒がらずに拾い上げた。本当に偉かった。俺ってすごい」といった具合です。

ポジティブ日記は毎晩眠る前につけていました。どんなに夜遅く帰ってきたとしても、2〜3行でも日記を書いて寝るというマイルールを定めていたのです。

就寝前にポジティブ日記を書いたら、嫌なことやネガティブなことを一度リセットしてから眠れます。日記で素直な感情を吐き出しているので、イライラして夜眠れないとか、悪夢にうなされるといったことは一度もありませんでした。

前日のマイナス思考、ネガティブな気持ちをポジティブ日記で断ち切れたら、翌朝はすっきり目覚められます。だから、毎朝「今日も1日頑張ろう！」と前向きで清々しい気分になれたのを覚えています。

現在は、スキルとしてのポジティブ思考が身についているので、私は日記をもう書いていません。気になる人は一度試してみてください。

❷チャレンジを恐れない

次に掲げている採用の条件は、チャレンジを恐れずに続けること。

フィットネス実業団に限らず、私たちはともすれば保守的な介護業界を変えるために、新しいチャレンジを続けていきます。

ですから、新たなチャレンジをしたくない、変化を好まない保守的なマインドを持っているタイプは、ビジョナリーに入っても苦労するだけ。

私たちが企業としてチャレンジすれば、そこで働くスタッフたちにもチャレンジが求められます。それを躊躇するタイプは、うちでは長続きしないでしょう。そういう人には、同じ介護の仕事を志すとしても、「うちではなく、別のところで働いた方が、あなたにとってはいいと思います」と伝えています。

チャレンジには失敗がつきものです。でも、ポジティブであれば、その失敗を前向きに捉えて、次のフェーズへ進めるに違いありません。

❸悪口・陰口・噂話をしない

最後に取り上げたいのは、悪口・陰口・噂話を言わないという基準です。

「Aさんが先日施設介護へ配置換えになったのは、訪問介護先で何か問題を起こしたかららしい」とか、「BさんとCさんはいつも仕事が遅くて雑。その尻拭いをさせられるから、うちのチームは残業が増えるばかり」といった悪口・陰口・噂話を陰でいくら言っても、ポジティブな変化は何一つ起こりません。

悪口・陰口・噂話が風の便りで伝わってきたら、組織全体の雰囲気が悪くなり、パフォーマンスは落ちるに決まっています。

介護に限らず、仕事は一人ではできません。何事もチームワーク、チームプレイが鉄則ですから、それを乱すような悪口・陰口・噂話は見逃せません。

悪口・陰口・噂話をしているスタッフには、上長から即座に注意が行きます。

私には、悪口・陰口・噂話の明確な定義があります。

それは「当事者の目の前で言えないことを、当事者がいないところで言っているもの」という定義です。

仮に、Aさんが本当に訪問介護先で問題を起こしていたら、AさんとリーダーＢを交えて話し合いの席を設け、改善点を見出していくべきでしょう。

BさんとCさんの仕事が本当に遅くて雑なら、同じように本人たちとリーダーを交えて話し合い、スタッフを増やしたり、シフトを調整したりといった解決策をみんなで考えるべきだと思います。

悪口・陰口・噂話と同じような内容であったとしても、それが当人たちの目の前で正々堂々と言えるなら、それは悪口・陰口・噂話ではないと私は捉えています。

仮に、各部門のリーダーに、「Dさんの勤務態度に問題があります。リーダーから注意してください」といった意見が上がってきたら、リーダーは「まずは、事情をよく知っているあなたから、本人に話をしてみるべきでは？」と提案します。

そこで「いや、本人には言えません」とか「私からは言いたくありません」といった返事が返ってきたら、リーダーは「ならば、そういうことを、当人のいないところで言うべきではないですよね」と諭します。

本人に面と向かって言えるなら、関係者が膝と膝を突き合わせて話し合い、手伝える部分を手分けしたり、わからないところは教え合ったり、キャパオーバーなら他のチームに仕事を割り振ったりすれば、問題解決へ近づけます。

悩みや問題点を一人で抱え込むのではなく、それをシェアしてチーム一丸となって問題解決に導くのが正解だと思います。

一人では捻り出せない解決策も、三人寄れば文殊の知恵。チームなら良いアイデアが出てくるケースも少なくないでしょう。

前向きにチームプレーで問題解決する気はないのに、その場限りのストレス解消のためにあれこれ言うのは、タチの悪い悪口・陰口・噂話に他ならず、それを口にする本人のためにも、組織のためにも1ミリもプラスにならないのです。

離職率を下げる努力より、不幸なマッチングを避ける努力を

人材不足に悩んでいる介護業界では来る者は拒まずで、エントリーしてくれる人なら誰でもウェルカムというところもあるようです。

その結果、介護には向かないタイプが、厳しい介護の現場で働くようになり、ミスや事故につながったり、最悪のケースでは虐待が起こったりします。それでいちばん被害を被るのは、利用者とその家族に他なりません。

誰でもウェルカムと門戸を広く開いても、人材不足が解消できない事業所は、人材派遣業者や人材仲介業者を介して人集めをします。

業者を介して人を集めると、一人あたり約80万～100万円の採用コストがかかります。手数料は、年収の30％前後が相場だからです。

これだけお金をかけて採用しても、長く働いてくれる保証はどこにもありません。

離職者が出るたびに、業者を介して人集めをしていたら、底の抜けたバケツに水を入れ続けるようなもの。

コストばかりが嵩む一方だと、赤字を出さないため、度を越したコスト削減で介護サービスの質の低下を招いたり、経営陣が不正に走ったりする残念すぎる結果を招くことも考えられます。ここでも、最大の被害者は利用者とその家族です。

私たちも、黎明期には、緊急避難的に業者を介して人を集めたこともありました。そこで採用コストの大きさと定着率の低さに気づけた点も、フィットネス実業団などを通して自社採用強化に努める原動力となっています。

平成時代には、若者の離職率の高さを表すために「七五三現象」という言葉が生まれました。中卒の7割、高卒の5割、大卒の3割が、企業に入社して3年以内に辞めるというのです。介護業界は、他の業種と比べて離職率（一定期間内において、在籍者数に対して離職した人が占める割合）が高そうだというイメージもあるようですが、実は他の業種と大差はありません。およそ15％です（出典：公益財団法人介護労働安定センター『令和2年度「介護労働実態調査」』）

いまの日本では、どの業界でも人手不足は深刻ですから、給与を上げたり、待遇を改善したりといった工夫により、離職率を下げる努力に励む企業が増えています。

でも、それよりも重視したいのは、自分たちの組織にマッチする人材を吟味して採用すること。出口（離職）を考える前に、入口（採用）にまず知恵を絞るべきだと私たちは考えています。

給与や待遇に惹かれて気軽な気持ちで入ったけれど、仕事も会社の雰囲気も自分には合わないから辞める……。そんなミスマッチが起こったら、互いにとって不幸です。

不幸なミスマッチが極力起こらないように、私たちはこれまで触れたような採用の基準を設けてハッピーな採用を心がけているのです。

第3章

介護が教えてくれた「出会えてよかった人」でいるための方程式

イズム1：表情、声から元気を伝えましょう

前章で伝えたように、私たちは「出会えてよかった人」でいることを、いちばん大切にするコアバリューに据えています。

そこで「出会えてよかった人」でいるためのビジョナリー版のイズム（主義）を全部で12項目定めています。これは、人事評価の基準でもあります。

前章で確認した❶ネガティブにならない、❷チャレンジを恐れない、❸悪口・陰口・噂話をしない、という3つのキャラクター（人柄）に、12のイズムを掛け合わせて、介護でもどこでも活躍できるビジョナリーらしい〝ビジョナリスト〟が誕生すると考えているのです。

それは、次のような公式で表せます。

3大キャラクター×12イズム＝ビジョナリスト

この章では、この公式を支える12のイズムについて解説しましょう。

イズム1は、「表情、声から元気を伝える」というもの。

表情で肝心なのは、何よりも笑顔です。

笑顔の人を見ると、こちらも自然と笑顔になり、不思議と元気が湧いてきます。

逆に、泣いている人を見ると、こちらも自然と悲しくなります。

ヒトの脳には、相手の表情や行為に対して、鏡に映したように共感できる「ミラー・ニューロン」という神経細胞があるそうです。だから、笑顔の人を見ると笑顔になったり、泣いている人を見ると悲しくなったりするのかもしれません。

ですから、私たちが大事にしているのは、働いている最中は、どんなシチュエーションでも、元気が伝わるような笑顔、明るい表情を絶やさないこと。「あなたが側にいてくれるだけで、こちらまで元気になるよ！」と利用者やその家族、同僚や先輩たちから言われるような人になってほしいのです。

チームスポーツでは、ムードメーカーの存在が重視されます。

ムードメーカーとは、その人がいるだけで、場の雰囲気が明るく盛り上がり、どんな状況下でも、みんなが前向きになれる空気感を作り出せるような人です。

会社組織ではチームワークが求められますし、介護業界に限らず、ビジネスにはチームスポーツと似た側面があります。

私たちは、全員がムードメーカーとなり、笑顔と元気と明るさがこだまのように波及するチームを作りたいと考えているのです。

顧客に元気を発信する重要性は、美容師時代から感じていました。

元気で笑顔の絶えない先輩たちは、お客さんから人気がありました。「私は、長くなった髪を切りに来ているだけじゃないの。元気をチャージしに来ているのよ」とおっしゃるお客さんもいました。

そうした先輩たちに少しでも早く追いつきたいと、私も毎日鏡の前で笑顔を作る練習をしていた日々をいまでも懐かしく思い出します。歯が見えるくらいまで口角を引き上げ、大きな笑顔を作るのです。

日本人には自らの感情を、表情で伝えるのが苦手なタイプが少なくありません。無表情が癖になっていると、笑顔を作るための筋肉（表情筋）も錆びて衰えるので、笑顔を作ろうとしても引きつってしまい、作り笑いにしか見えません。

ですから、笑顔が苦手なスタッフには、私が美容師時代に励んだように、鏡の前で笑顔の練習をするように勧めています。

加えて元気を発信するためには、お腹から大きな声を出して、はっきり話すように意識したいもの。声が小さめのスタッフには、「電話口からでも、目一杯の元気が伝わるような明るい声でハキハキ話そう」とアドバイスしています。

自分的には表情や声から元気を伝えているつもりでも、それを評価するのはあくまで他人です。うわべだけのカラ元気ではなく、他人から見ても本当に元気に見える表情、声の出し方が求められます。

そのためには、まずは自分の人生が充実しているべきでしょう。

とくに、福祉・介護のように、他人のサポートをするのがメインの仕事では、支援する側の人生が満ち足りているべき。そうでないと、自分を差し置いて、他の誰かの役に立ちたいとはなかなか思えないでしょう。

人生を充実させる第一歩は、何よりも目の前の仕事に対して地道かつ一生懸命打ち込むことだと思っています。

それでプライベート面も一層豊かになり、「ワーク・ライフ・バランス」が整うようになれば、人生の充足度がアップ。心の底から元気で笑顔になり、利用者とその家族、同僚や先輩へと元気と笑顔の輪が広がるようになれば、仕事がさらに楽しくなり、人生が満ち足りたものになるに違いありません。

働く人のメンタルを充実させる「部活制度」があります

元気であるためには、フィジカル面が元気であることも前提となります。

前述のように、ビジョナリーでは、フィットネス実業団に入っていなくても、スタッフは法人契約しているスポーツジムが無料で使えます。このジムは24時間、365日使えるので、勤務の形態に合わせて通い続けて健やかなフィジカルが保てるのです。

身体的な健康はもちろん大事ですが、それに加えて大切なのは、メンタル面でも健康であること。悩みや不安が一つでもあると、たとえ身体がピンピンしていても、元気は出なくなるでしょう。

メンタルヘルスのためには、一緒に働く仲間たちとの人間関係が良好であることが、とても重要だと私は思っています。

そのために設けているのが、「部活制度」です。

好きなことに夢中で打ち込める時間があれば、ストレスは解消しやすいでしょう。

また、いつも顔を合わせる仲間とは違ったコミュニティが社内にできたら、悩みや不安を気軽に相談できる環境作りにもつながると期待しています。

部活として会社から公認されるために必要なのは、次のたった2つの条件がクリアできていることです。

〈部活公認の2大条件〉

❶メンバーが5人以上集まること。

❷集まったメンバー自身でルールを定めること。

この2つの条件さえ満たせたら、部員一人あたり毎月1000円の活動補助費を支給しています。

活動補助費の使い方は自由。部活の練習場所などの確保に使うスタッフもいますし、使わずに貯めているスタッフもいるようです。

現在活動している部活には、ゴルフ部、格闘技部、そして焚き火部などがあります。いずれも身体を使うアウトドアの活動ですが、別に麻雀部でもタロット占い部でも、部活の内容はインドア的でも何でもいいと考えています。

私はアウトドアが好きなので、以前は焚き火部に入っていたのですが、ほどなくして抜けてしまいました。

「自分も焚き火部に入り、社長と行動を共にしたほうが、人事上の評価が上がるのではないか」と誤解したのか、私の後を追うようにスタッフたちが次々と焚き火部に入ってきたからです（無論、同じ部活に所属しているスタッフを、理由なく依怙贔屓するようなマネはしません）。

以来、私だけではなく、役員は部活への参加を控えるようにしています。

イズム2：感謝の気持ちは、「ありがとう」という言葉に変えてみましょう

福祉・介護の仕事がとくに素晴らしいと感じるのは、毎日のように「ありがとう」という言葉をかけてもらえる点だと思っています。

のちに触れるように、私自身が介護の仕事に惹かれた最初のきっかけは、利用者から「ありがとう」という心からの感謝の言葉をかけてもらえたことでした。

むろん「ありがとう」と言ってほしいという理由で、介護の仕事を続けているわけではありません。ですが、「ありがとう」という言葉には、やりがいとやる気を高める不思議な力がこもっていると私は感じています。

おさらいしましょう。介護をおおまかにわけると、施設で介護する施設介護と、利用者の住まいなどを訪ねて介護する訪問介護があります。

うちの介護スタッフたちは基本的に、施設介護も訪問介護も体験します。

ところが、訪問介護で働いてから、しばらく施設介護を経験すると、多くのスタッフが「早く訪問介護の勤務に戻りたい」と言い始めます。

なぜだと思いますか？

施設介護でも、訪問介護でも、利用者とその家族たちから「いつもありがとう」と等しく感謝されます。ただし、ビジョナリーの施設介護では、家族でケアするのが難しくなった比較的障害の重たい利用者が入居しているケースが少なくありません。

障害が重度の利用者の場合、たとえ感謝していても、自ら意思表示をするのが難しいこともあります。そうした利用者ばかりを受け持っていると、「ありがとう」という言葉を一度も聞かないまま、１日の仕事が終わる日もあるでしょう。

施設介護と比べると、ビジョナリーの訪問介護の利用者には軽度な方も多く、「ありがとう」という感謝の言葉を聞くチャンスがそれだけ多くなる傾向が見受けられます。

加えて訪問介護では、そばで暮らしている利用者の家族からも、「ありがとう」という言葉をかけてもらえることもあります。

そうなのです。施設介護で働いているスタッフたちが、「早く訪問介護の勤務に戻りたい」と口々に言うのは、訪問介護のほうが「ありがとう」という言葉がたくさん聞けるからなのです。

その事実に気がついた私は、「ありがとう」という言葉の威力を再認識しました。

それからは、利用者や家族からの「ありがとう」を働く力に変えるだけではなく、スタッフ同士でも、そしてどんな小さな事柄に対しても、みんなが「ありがとう」を率先して躊躇なく言える組織でありたいと考えるようになりました。「ありがとう」を、笑顔かつ大きな声で言えたら、鬼に金棒です。

「以心伝心」とか「暗黙の了解」といった表現があるように、日本では言葉を介さずに気持ちを伝える文化があります。

でも、感謝の気持ちは、素直に「ありがとう」という言葉に変えて伝えるべきだと私は思っています。言葉にしないと、伝わらないこともあるのです。

そして「ありがとう」の積み重ねにより、一人ひとりがやる気に溢れて気持ちよく働ける職場の雰囲気が醸成されていくのです。

「ありがとう」の言いグセをつけてください

普段できていないことが、勤務中だけスイッチが切り替わり、突然できるようになるわけはないでしょう。

ですから、仕事を離れた日常生活でも、「ありがとう」という言葉で感謝の気持ちが表せる人であってほしいと私は願っています。

改めて考えてみると、「ありがとう」と感謝するべき場面は介護のシーンだけでなく、ありとあらゆるところに転がっています。

家庭で妻が料理を作ってくれたら、当然と思ってスルーせずに「ありがとう」と感謝すべき。夫が率先して洗い物をしたり、洗濯や掃除などの家事を手伝ってくれたりしたら、それも当然と思わずに「ありがとう」と感謝すべきでしょう。

家庭内だけではありません。カフェで注文通りの飲み物を受け取ったら、「ありがとう」。スーパーマーケットで店員さんが持参したエコバッグに商品を入れてくれたら、「ありがとう」。いつでもどこでも、「ありがとう」と感謝するべきシーンがあります。こうして「ありがとう」の言いグセをつけておけば、職場でも無理なく自然に「ありがとう」がポンポン出てくるのです。

なかには、「ありがとう」の意味合いで「すいません」という言葉を使う人もいます。駅やオフィスなどのエレベーターで、先に乗った人が、扉が閉じないように押さえて待っていてくれたとき、「すいません」と言っていませんか?

「すいません」は、本来は謝罪の気持ちを示すもの。これまで「すいません」と言っていた場面でも、今度から「ありがとう」と言ってみてください。

そう言われた方は、「すいません」と声をかけられるよりも、「ありがとう」と言われた方がずっと嬉しいもの。それで相手が思わず笑顔になれば、こちらも笑顔が弾けるようになり、ポジティブなパワーが周囲に広がるのです。

イズム3:チャレンジに「遠慮」は不要ですが、「配慮」は必要です

福祉・介護の業界だけではなく、日本がこの先発展していくには、前例に捉われないクリエイティブな発想をする人材が広く求められます。

前例踏襲、失敗が怖いから昨年と同じでいいという発想では、組織はゆっくり確実に衰退

していくだけ。新たなアイデアを出して、チャレンジと新陳代謝を繰り返さない限り、成長はありえないのです。

あらゆる組織は、自由で創造的な発想をする人材の可能性を、どんどん伸ばすべき。「出る杭は打つ」とばかりに、挑戦的なアイデアが出せる人を、異質なものとして排除してはならないと思っています。

自由でチャレンジングな発想に「遠慮」は不要ですが、組織や仲間たちへの「配慮」は必要だと思っています。

自分だけを利するようなアイデアや、相手の立場を考えた「配慮」のない独善的な意見は単なるワガママと変わりありません。斬新なチャレンジに思えたとしても、そのまま突っ走るのではなく、周囲の人たちが疲弊しないか、皺寄せが及ぶ人が出てこないかを、立ち止まって「配慮」するべきなのです。

サッカーやラグビーのようなチームスポーツでは、傑出した選手が一人で独創的なパスや突破を果たしたとしても、まわりが反応してついてこなければ、独りよがりのスタンドプレーで終わります。

会社という組織も、まさにチームスポーツを戦っているようなもの。自分のアイデアが生きるためには、周囲も生きることが大事。「ワン・フォー・オール、オール・フォー・ワン（一人は全員のために、全員は一つの目標のために）」の精神が、会社組織にも絶対に欠かせないと思っています。

「何かアイデアを出しなさい」と言われても、人前では言い出せないもの。恥の文化が強い日本では、「こんなくだらない意見を言ってもいいのか」とか、「バカにされたら、恥ずかしい」といった気持ちが先に立ってしまうのでしょう。

そこでビジョナリーでは、社内の業務連絡に用いているスラックのＤＭ（ダイレクト・メッセージ）を使い、私宛に個人的な連絡ができるルートがあります。

それにより、社員だけではなく、パートタイムで働いているスタッフからも、「遠慮」のない意見やアイデアを募集しています。

先日は、入社したばかりの若い男性社員から、ＤＭ経由でランチに誘われました。その席で彼は、将来チャレンジしたい夢について熱く「遠慮」なく語ってくれました。

いまの組織に直接役立つアイデアでなくても、一人ひとりの個人的なチャレンジを後押しすることも「福祉で世界を動かす」ことにつながり、クリエイティブな日本を作る一助になると信じています。そこで私は、彼のチャレンジを実現に近づけるために何が足りないのか、これから何を身につければいいのかをアドバイスしました。

このように若い世代に助言しているうちにインスパイアされて、自分にも新たなアイデアの芽が生まれることもあります。

イズム4：好感の持てるオシャレを意識しましょう

ビジョナリーにはユニフォームはありますが、ユニフォームを着るか・着ないかは、働く人に任せています。

利用者やその家族の方々と直に接しない内勤者では、自由な装いをしているスタッフがほとんど。現場で介護を担っているスタッフにも、「ユニフォームを着なさい」と強制しているわけではありません。

「俺はユニフォームを着た方が、チームの一員という自覚が生まれて俄然やる気になる」というタイプは、ユニフォームを着て働けばいいと思います。「お気に入りの服を着ている方が、テンションが上がり、仕事のパフォーマンスもアップする」というタイプは、好きな服を着て働いてくれたらいい。そう考えているのです。

ユニフォーム着用は強制ではありません。ですが、私服で働くときには、周囲から好感を持たれるようなオシャレを意識してほしいと思っています。

繰り返し触れているように、私がスタッフに求めているのは、「出会えてよかった」と思ってもらえる人になること。

オシャレでいることは、「出会えてよかった」「もっと同じ空間・時間を過ごして刺激をもらいたい」と思ってもらえる第一歩です。

私自身、過去を振り返ってみても、これまで本当に「出会ってよかった！」と思えた人たちは例外なくオシャレでした。

そこでスタッフには、折に触れて「ユニフォームを着ても、着なくても、いつもオシャレをちゃんと意識してください」と呼びかけています。

勇気を振り絞って初めて入った美容室で、ダサダサなファッションの美容師が担当になったりしたら、「この人で大丈夫かな」と心配になるでしょう。

介護でも、サポートしてくれる人がヨレヨレでシワシワの服を着ていたら、利用者もその家族も不安になるに違いありません。

ここで言う「オシャレを意識する」とは、最新のトレンドを踏まえた服や、高価なブランド服を着て欲しいという意味ではありません。

何よりも求められるのは、相手に不快感を与えず、好感度と清潔感のある身だしなみを心がけること。とくに福祉・介護は、利用者と直に触れ合う仕事ですから、高いレベルで好感度と清潔感が求められます。

そもそもファッション、身だしなみは自己アピールや自己満足で終わるものではなく、他者への配慮の一環です。

暑がりだからと高級レストランに短パンとサンダルで乗り込んだら、お店の雰囲気はぶち壊し。いいムードで食事をしていたカップルは気分を害するでしょう。

自由とワガママは似て非なるもの。

ファッションの鉄則は、ＴＰＯ（時間、場所、機会）に即したものだと言われるのは、突き詰めるとそれが他者への配慮につながるからです。

この基本を押さえていれば、好感度の高いオシャレが実現できるでしょう。

スタッフのヘアスタイルに関しても完全に自由。個人の裁量に任せています。「自由な発想がほしい」と言っているのに、時代遅れの高校の校則のように、大の大人に髪型・髪色の指定をするのはおかしいと思います。

介護で、髪型・髪色が仕事の邪魔になる場面はほとんどないはずです。仕事と真面目に向き合い、熱心に取り組んでいれば、その人がアフロヘアーでも金髪でも周囲は納得して応援してくれるでしょう。

アフロヘアーでも金髪でも構わないのですが、やはり相手に不快感を与えない清潔感があることが最低条件。好感度と清潔感に乏しい髪型・髪色も、利用者とその家族、共に働く仲間たちへの配慮が欠けています。手入れが行き届いておらず、ボサボサで髪の毛が傷みまくっているようなヘアスタイルは、七三でも黒髪でもNGです。

イズム5：仕事中も日常生活でも、立ち居振る舞いはスマートに

好感度と清潔感が高いオシャレ、ヘアスタイルをしていたとしても、立ち居振る舞いがカッコよく見えなかったり、態度が横柄だったりしたら、残念すぎます。

そんな人に対しては、利用者とその家族、そして同僚も上司も、「出会えてよかった」「ま

た会いたい」とは、到底思えないでしょう。

介護者の立ち居振る舞いのベースとなるのは利用者とその家族に対して気配りがあり、礼儀正しく接する気持ちを持つこと。「おもてなし」と「リスペクト」の心構えが求められます。リスペクトとは、相手を尊重する気持ち。「おもてなし」と「リスペクト」の心構えがあれば、偉そうにしたり、見下したりできないでしょう。

介護業界でよくある誤りは、利用者を弱者と捉えてしまい、「やってあげている」という上から目線で接すること。介護者と利用者はあくまでも、どこまでも対等な関係です。上から目線だと、態度が尊大になりがちなのです。

ときには利用者の言うことを、ただ黙って聞くという受け身の態度も求められます。看護師さんに代表される医療従事者には、患者の立場になり、その話を丁寧に聞くことが求められます。それが患者の不安の軽減につながり、ひいては治療に役立つケースも多いからです。

それは介護職でもまったく同じ。利用者とその家族の立場に立って、その話にじっと耳を傾けてほしいと私は思います。

社内でのパワハラやセクハラといったハラスメント（いやがらせ）は、論外中の論外。ハラスメントにはギリギリ相当しないとしても、上司だからという理由だけで、部下に横柄な態度を取ったりすることも、スマートとは言えないでしょう。

話は勤務中だけに留まりません。

イズム2の「ありがとう」の項目で触れたように、普段うまくできていないことが、仕事中だけ突如できるわけがありません。

ですから、仕事を離れた日常生活においても、つねにスマートな立ち居振る舞いを心がけてください。

コンビニのセルフレジで慣れない会計に戸惑っている高齢者にイライラしたり、ファストフード店やファミレスの店員などに乱暴な口を利いたり、見下したりするのは、スマートではありません。

「親しき仲にも礼儀あり」という言葉もあります。配偶者、子ども、パートナー、友人のように親しい間柄でも、スマートな立ち居振る舞いを心がけましょう。

相手の立場に立って、「おもてなし」と「リスペクト」のスピリットを忘れなければ、日常生活がスマートに過ごせるようになり、良い流れで勤務中もスマートに仕事がこなせるようになるに違いありません。

ビジョナリーには、スタッフの立ち居振る舞いを定期的に上長が評価する仕組みがあります。半年間の態度を総合的に判断し、点数化するのです。それ以外にも、月イチペースでワン・オン・ワン（一対一）で対面してアドバイスする機会もあります。

利用者や働く仲間にイライラしたり、乱暴な立ち居振る舞いを取ったりする背景には、気持ちに余裕がないことも挙げられます。テンパっていて心のゆとりを失うと、スマートな態度は取れないものです。

そんな気配が漂うスタッフには、上長が心にゆとりが持てるようなスケジューリングの仕方をアドバイスしたり、シフトの変更などで仕事量を調整したりしています。余裕を持って業務がこなせるようになると、些細なことでイライラしたり、他者に対して横柄な態度を取ったりする事態が避けられるケースも多いのです。

イズム6：周りのせいにしないで、自責で物事を考えてみましょう

アメリカの著名なビジネス・コンサルタントであるジェームズ・C・コリンズさんは、「窓

と鏡の法則」と名付けたリーダーの思考法についてその著書で語っています。
ご存知の方も多いでしょうが、念のために紹介しましょう。

〈偉大なリーダー〉
成功したとき　↓　窓の外を見る
失敗したとき　↓　鏡を見る

〈偉大とは言えないリーダー〉
成功したとき　↓　鏡を見る
失敗したとき　↓　窓の外を見る

窓の外とは、自分以外の外的な要因。鏡とは、自分という内的な要因をシンボリックに表現したものです。

つまり、成功したときは、周りの人や環境や運（窓の外）のおかげだと謙虚になり、失敗したときは自分のせいだと考えて鏡を見て自戒するのが、偉大なリーダーだとコリンズさんは指摘しているのです。

偉大とは言えないリーダーは、それとは180度異なり、成功したときは「自分のおかげだ」と自惚れて鏡を見るのに、失敗したときは他人や環境や運が悪いと自分以外の要因を言い訳に使うというのです。

　これは「自己奉仕バイアス（セルフ・サービング・バイアス）」とも呼ばれています。自己奉仕バイアスは、成功時には自信を深めるのに役立ちますが、失敗時には自省が十分できないため、同じような失敗を続ける恐れがあります。

　この「窓と鏡の法則」は、リーダーだけに当てはまるのではなく、働く人すべてが肝に銘じるべきものだと私は考えています。

　思ったように仕事がこなせなかったり、ミスが起こったりしたとき、「上司が悪い」「先輩が悪い」「会社が悪い」「社会が悪い」といった具合に窓の外ばかり見ていたら、そこで思考回路がストップ。それ以上、何も考えられなくなります。

　何もかも外的な要因のせいにして文句ばかり言っていたら自尊心は1ミリも傷付かず、溜飲はおおいに下がるかもしれません。でも、「自分のここは変えたほうがいい」とか、「仕事の手順のあの部分を見直してみたらどうだろう」といったクリエイティブな発想はいつまで経っても出てこないでしょう。

失敗が起こったときこそ、自分や組織を変えるチャンス。弱点や問題点、改善点を明らかにして前に進めばいいのです。

実際は、鏡＝内的な要因だけが、失敗やミスの原因ではないでしょう。そこには、窓の外＝外的な要因も少なからず関わるケースが大半だと思います。

しかしながら人間は弱くて傷つきやすい生きもの。外的な要因にばかり目を向けると、「自分はちっとも悪くない」という保身に入りやすくなります。

ですから、外的な要因に目を向けるのは後回しにして、まずは鏡を覗き込み、内的な要因についてじっくり考えてみてください。悪いところはなかったのか、どこをどう変えたらミスは減るだろうか……。〝自責〟のマインドで、自らの態度や言葉、働き方などを見直しましょう。この〝自責〟という言葉は「自分を責める」という意味合いではなく、「自分に責任があると考える」というニュアンスで捉えてください。

完璧な人間などどこにもいませんから、自分を責める必要はありません。ただ胸に手を当てて省みればいいのです。「自分はダメ人間だ」などと必要以上に自身を責めると、働くモチベーションが下がる恐れもあります。

イズム7：〝続けたくなるコミュニケーション〟を心がけましょう

福祉・介護に限らず、仕事の多くは人と人とが触れ合いますから、相互理解のためのコミュニケーションが不可欠です。良いコミュニケーションが良好な人間関係につながり、良好な人間関係が良い仕事につながります。

なかでも福祉・介護の仕事は、人と人が直に接する場面が多いのが特徴。他の仕事以上に質の高いコミュニケーションが求められます。

そこで訴えたいのは、「また会ってぜひ話がしたい」とか、「あと10分でも20分でも会話を交わしたい」と相手に思ってもらえるようなコミュニケーションの重要性。

そんな〝続けたくなるコミュニケーション〟のために必要なのは、次の3つのポイントだと私は思っています。

❶豊富な情報量
❷細やかな観察力&メモ力
❸聞く力

❶豊富な情報量

良好なコミュニケーションを続けるためのネタの豊富さ、情報量の大切さについては、私は美容師時代に学びました。

美容師の見習い時代、先輩たちから「とにかく楽しいネタが豊富で、お客さんから『もっとあの子と話していたい』と思ってもらえるようになりなさい」とアドバイスされたのをいまでも覚えています。

情報量も話題も少ない美容師だと、お客さんにはその日のお天気くらいしか話すネタが見当たりません。「今日はすっきり晴れていますが、明日は午後から雨みたいですね」と話しかけたとしても、お客さんは「そんなの今朝のニュースで、いつもの気象予報士が言っていた話じゃない」とガッカリするだけ。

「この子と話すくらいなら、美容雑誌でも読んだほうがマシ」とお客さんに思われたら、いつまで経っても指名を獲得するのはムリでしょう。

漫才師さんは、森羅万象にアンテナを張り巡らし、漫才に使えそうなネタを見つけたらスマホなどに欠かさずメモしているそうです。

それに負けじと、趣味など自分の興味がある分野ばかりに目を向けるのではなく、視野を広くして幅広い情報を集めましょう。インターネット全盛の時代だからこそ、新聞や書籍といった旧来のメディアから得られる情報に目を配るのも良いでしょう。

それは身近なコミュニケーションに役立つばかりではなく、そこから自身の可能性を広げるヒントが得られるかもしれません。

❷細やかな観察力&メモ力

同じコントを見聞きしても、全員が同じところでドッと受けるわけではありません。笑いのツボは一人ひとり異なっています。

同様に、どんなネタや情報に鋭く反応を示して、「この人とは波長が合いそうだから、もっと長く密にコミュニケーションを交わしたい」と相手が思ってくれるかどうかには、個人差があります。

そこで大事になってくるのが、コミュニケーションを交わす相手を、冷静にじっくりと観察することです。

たびたび美容師時代の話をして恐縮ですが、その頃の私は一度でも担当したお客さんに関する情報は、どんな小さなことでもメモしていました。

髪型やカラーリングなど、ヘアスタイルに関して具体的にどんなニーズがあったのかをメモするのは当然。それ以外にも、来店時のファッション、読んでいた雑誌、そして何を話したのかを記録していたのです。次に来店されたときは、その記録を踏まえてコミュニケーションを交わすように心がけていました。

前回はパンツルックだったのに、次回ワンピースで来店されたら、「今日はワンピースなのですね。こちらもよくお似合いです」などと声をかけると、お客さんは「私を気にしてちゃんと見てくれていたんだ」と感激しますから、そこから会話が弾みます。

仕事で向き合う相手にも、観察力を発揮してメモを残し、それをベースに次回の会話をするように準備を重ねていれば、あなたは「また会いたい」「もっと会いたい」「出会えてよかった！」と思われる存在となるでしょう。

相手と話した内容を記録することもお忘れなく。

たとえば、前回共通の趣味としてゴルフの話題で盛り上がったのに、それを忘れてしまい、次に会ったときも「あ、ゴルフがお好きなのですね。僕もなんです！」などと相槌を適当に打ったりすると、相手から「本当は自分には興味がないのに、話を合わせようとするお調子者だ！」と思われるのが関の山でしょう。

❸聞く力

最後にポイントとして取り上げたいのは、「聞く力」です。

コミュニケーション＝話すことと誤解している人も少なくありませんが、その基本は、相手の話を聞くこと。ビジネスにおけるコミュニケーションの秘訣は、自分が話したいことを話すのではなく、相手に話したいことを話してもらう点にあります。

囲碁やチェスといったボードゲームでは、先手のほうが勝率は良いとされていますが、コミュニケーションでは先手必勝ではなく後手に徹して、黙って相手の言うことを聞くほうが良好な結果が得られやすいもの。自分が2〜3割、相手が7〜8割話しているくらいのイメージだと「聞く力」が作用しており、コミュニケーションは良好になると思っていいでしょう。

人には誰でも、相手に自分を認めてほしいという「承認欲求」があります。

そして承認欲求が満たされる相手とは、「また会いたい」「もっと会いたい」と思えるようになります。自分の話を真剣に聞いてもらえたら、相手は「自分に興味を持っている」「受け入れてくれている」と感じますから、承認欲求が満たせます。そこから「もっと話したい」「話を聞いてほしい」「また会いたい」と思うようになります。

相手の話を聞くときには、余計な口を挟まなくてOK。初めのうちは、おうむ返しでもいいのです。

介護の現実に即して例を挙げるなら、「膝が痛いのよ」と言われたら、「膝が痛いんですね」と寄り添い、「不安で眠れなかったの」と言われたら、「不安で眠れなかったんですね」などと言われた内容をおうむ返しにしたり、うんうんと黙って頷いたりします。すると相手は話しやすくなり、本音を語り始めるでしょう。それが〝続けたくなるコミュニケーション〟へとつながるのです。

イズム8：適切な目標設定を行い、タスクを溜めずに次々と手放しましょう

仕事をするうえでは、多くのタスク（やるべき課題）が生じます。

タスクを抱えすぎていると、身動きが取れなくなりますから、タスクは早めに手放して抱えすぎないようにすることも大切です。

タスクを抱えすぎる一因は、完璧を求めすぎる点にあります。

何事も100％こなしたいという完璧主義に陥ると、タスクは溜まる一方です。物事を100％完璧にこなすことは、そうそうできないからです。

完璧主義を手放すコツは、それぞれのタスクの合格ラインを下げる点にあります。「目標は高く持て！」とよく言います。確かに、毎回低すぎる目標ばかりを設定したら、社会人としての成長が妨げられる恐れがあります。合格ラインが低すぎると、目標をクリアしても達成感に乏しいので、成功体験が得られなくなり、仕事に取り組むモチベーションが高まりにくいというマイナス面もあるのです。

でも、合格ラインを高く上げすぎると、それだけクリアできる確率は下がります。クリアできるまで粘り強く努力する姿勢は忘れたくありませんが、その間にクリアできないタスクが溜まると、一杯いっぱいになります。

こうしてテンパると、心にゆとりがなくなり、些細なことでイライラしたり、仕事が乱雑になったりしやすいもの。これでは、前述の「立ち居振る舞いをスマートに」というイズム5の達成にも差し障るでしょう。

高すぎるハードルに果敢にチャレンジした結果、クリアに失敗してしまうと、失敗体験を負いかねません。

失敗体験が積み重なると、「自分はダメな人間なんだ」とか、「能力がまるでない」といった不要な自己否定に陥り、仕事に向き合うモチベーションは下がる一方です。

身の丈に合う目標を、自分自身で立ててください

低すぎるわけでもない。高すぎるわけでもない。

そんな身の丈にあった合格ラインを設定するコツは、現状よりも少しだけ高い目標を掲げること。

それなら、クリアできる確率は比較的高くなり、クリアできたら達成感が得られます。成功体験が積み重なれば、「自分はやればできる」という自己肯定感が高まり、「もっと上を目指してみよう」と意欲的になれるでしょう。

自己肯定感が上がり、意欲的になったタイミングで、前回よりもちょっぴり高い目標設定を行います。

この繰り返しにより、徐々に高い目標がクリアできるようになります。

私たちは、この章で紹介している12項目（12イズム）で人事評価をしています。

その際、スタッフ本人たちに、半年ごとに自ら目標を設定してもらっています。

たとえば、「表情、声から元気を伝える」というイズム1に関しては、「リーダーに〝いつも元気ハツラツで明るいな〞と思ってもらえる」という目標を掲げるスタッフもいれば、「利用者から〝あなたに元気をもらっているよ〞と言ってもらえる」という目標を掲げるスタッフもいます。

この目標設定を会社側がやってしまうと、一方的になり、一人ひとりの身の丈に合わないものになる恐れがあります。

さらに、スタッフ自身が定めた目標ではありませんから、どうしても会社から「やらされている」感が出て、仕事に主体的に向き合えなくなることも考えられます。

自ら設定したゴールラインなら、「やらされている」感はゼロ。目標達成に向けて主体的に取り組めます。目標がクリアできたら、会社から「次はこういうより高い目標を立ててみなさい」などと口出しされなくても、自ら「次はもう少しだけ高いハードルに挑んでみようかな」と自発的に思えるでしょう。

そして「本気を出して半年後にはきっちりクリアして、リーダーをビビらせてやるぜ」というふうにやる気が湧き出てくるものなのです。

イズム9：プロフェッショナルとしての技術と知識を身につけましょう

介護のフィールドで働いている人に、どんなイメージを持っていますか？ほとんどの方々は、「助けを求めている弱者に身近で寄り添う、〝いい人〟が多いに違いない」というイメージを持っているのではないでしょうか。

でも、ただ〝いい人〟でいるだけではダメ。「出会えてよかった」と思ってもらえるように人間性を磨いたうえで、プロフェッショナルでいてもらいたいのです。

いくら人間的に尊敬できる人だとしても、必要なスキルがないと介護の現場では役に立ちません。〝いい人〟なだけで通用するほど、介護は甘くないのです。

求められる実践的スキルを身につけて、それを絶えず磨き続け、最新の知識を貪欲に吸収し続ける。スタッフ全員が、そんな介護のプロであってほしいのです。

介護には、おむつ交換などの業務ごとに手順や留意点を示したマニュアルがあります。でも、利用者とその家族は一人ひとり違いますから、決まったマニュアルだけでは通用しない場面も多いもの。その意味では、マニュアルはあってないようなものです。

マニュアル通りで何事も解決するなら、アマチュアでも何とか対処できるでしょうが、ときとしてマニュアルが役に立たない介護という世界だからこそ、どんな事態にも対応できる専門性の高いプロが求められます。

たとえば、自閉スペクトラム症の人が不安を感じたり、緊張や興奮しやすくなったりする理由は千差万別、人それぞれです。

もう一歩踏み込んで言うなら、同じ人でも、日によって要因は異なるでしょう。先週は機嫌良くご飯を食べてくれたのに、今週は人が変わったように不機嫌になり、ご飯を全然食べてくれなくなった……。そんなことも日常茶飯なのです。

それを「今日はマニュアル通りに対処しても、利用者の機嫌が悪くて困った。明日が思いやられる」で終わらせるのではなく、その背景にはどういう要因が考えられるのか、不安を抱えたり、機嫌が悪かったりする利用者に、どのように対応するのがベストなのかを考え続けるべき。マニュアルにない、決まった答えがない問いにつねに向き合うことが、プロには求められるのです。

その道のプロである職人さんは、素人目で見ると、毎回同じことをただ繰り返しているように思えることもあります。

でも、料理人は、季節や食材に応じて料理の味付けやレシピを微妙に変えているでしょうし、大工さんは、湿度や木の性質に応じて使う道具を変えるといったきめ細かな対応をしているもの。介護の仕事を極めるプロになるには、そうした本物の職人気質が必要だと私は思っています。

「天は自ら助くる者を助く」と言うように、プロ意識を持ち、答えのない問いに向き合い続ける人には、不思議と必要な情報が集まってきます。

「彼はまだ経験は浅いが、自閉スペクトラム症の利用者にどう接するかを真剣に気にしているから、先日の自分の体験を話してやろう」と気にかけてくれる先輩も現れるでしょうし、最新の精神医学の知識を教えてくれる同僚が出てくるかもしれません。

また、介護のプロを目指すスタッフたちをサポートするために、私たちは毎月研修会を開いています。研修会への参加は強制ではありませんが、多くのスタッフたちが主体的かつ積極的に参加してくれています。

イズム10：出し惜しみをしないで、与えられるようにアップデートします

私たちはフィットネスの実業団を作り、介護の人材難を解決する道筋を示しました。

仮に、「そのノウハウを教えてほしい」と同業他社から頼まれたら、私たちはいっさい隠し立てをしないで、何もかもオープンにして提供するでしょう。本書もその一環です。「いやいや、それは企業秘密です。教えられません」と拒絶したら、私たちは思考停止に陥り、それ以上進歩がなくなります。

誰かに真似されたら困るから、何事も企業秘密にしておきたいとアイデアを出し惜しみするとしたら、すでに思考停止に陥っている証拠。その企業も経営者も、底が見えていると私は思います。

マグロやカツオのように、回遊性でエラを自ら動かせない魚は、泳ぎ続けないと酸欠を起こして死ぬと言われています。

それは、企業でもまったく同じではないでしょうか。ビジネス環境は刻々と変化していますから、それに柔軟に対応して前へ前へと進み続けるという覚悟がない限り、ビジネスという大海原で溺れてしまいます。

競争相手にそっくり真似されたとしても、「それは過去の自分たちのやり方。私たちはもう一歩先を進んでいますから、お好きにどうぞ」という態度でいたいと思っています。アイデアの出し惜しみはしないのです。

同業他社がうちへ見学にいらした際にも、「介護技術は包み隠さず、すべてオープンにしてください」とスタッフには伝えています。

思考停止に陥ることなく、高いレベルの危機感を持ちながら、自分たちをアップデートし続ける。その覚悟を忘れてはならないと思っています。

出し惜しみせず、他者に対して与えられるようにアップデートを続ける覚悟が求められるのは、経営者だけではありません。働く人一人ひとりにも、自らを絶えず磨いて進化させる態度が求められます。それもプロ意識の一つです。

経営者だけが「アップデートしよう！」と必死で旗を振り続けたとしても、スタッフたちが「また社長が何か言ってらぁ」と「笛吹けども踊らず」で他人事にしていたら、企業は一向に変わらないでしょう。そのうち厳しい競争に負けてしまい、市場から退く他なくなるに違いありません。

経営者からリーダー、社員、そしてパートさんまで。上から下まで「与えられるのではなく、与えられるようにアップデートを続けよう」というプロ意識があるところだけが、競争に打ち勝てるのです。

たとえば、意思疎通が難しい利用者とコミュニケーションを取るノウハウを確立して、高い人事評価が得られたスタッフがいるとしましょう。

せっかく苦労して身につけたノウハウをみんなに教えて共有したら、自分のアドバンテージがなくなってしまう。人事評価が上がらない。そんなふうに自分本位で捉えていたら、組織の成長は滞りますし、本人の底が見えています。

ビジョナリーでは現場のアイデアを吸い上げて広くシェアし、サービスをアップデートする体制を整えています。介護におけるいわゆる「暗黙知」（個人の長年の経験や勘に基づく、言葉で他人に説明するのが難しい知識）に関しても、できるだけ言語化・マニュアル化しようと努力しています。

現場で生まれた小さな品質改善案や業務改善案をオープンにして組織で共有し、それを踏まえてより質の高いプロダクトを生み出す大切さは、「QCサークル活動」で有名なトヨタ自動車のような製造業でも、私たちのようなサービス業でも変わらないのです。

イズムⅡ：無駄に思えるルーティーンワークも丁寧にこなしましょう

福祉・介護の仕事は、現場だけで完結しているわけではありません。

そのバックヤードでは日夜、膨大な量の実務作業が行われています。介護に関する日誌や保険関連など、紙ベースで細かい記入が求められる項目が山ほどあるのです。

これは大変面倒な作業です。「ここまで細かく記入することに、果たしてどこまで実用性・実効性があるのか」と疑問に思うことも多々あります。

そこに労力を割くくらいなら、もっと他にエネルギーを使ったほうが、利用者とその家族のためになると感じるくらいです。

でも、〝お役所仕事〟的なルーティーンワークだとしても、決まりは決まり。

「今日もFさんが笑顔になってくれた。僕らが関わる前よりも食欲が増し、体重も増えて元気になってくれた。それでもう十分じゃないか。書類が何かしてくれるわけではないのだから、適当でいいでしょ」では、通りません。行政が定めたルールに従って粛々と実務作業をこなす他ないのです。

デジタル庁ができて国をあげてDX化を進めている最中ですから、紙に手書きで記入する以外に効率的な情報管理のやり方もあるのではないかと思うこともあります。

近頃少しずつペーパーレス化・デジタル化が始まっていますが、それが一気に進まない事情もあります。

利用者には、複数の福祉・介護事業者を利用している人もいます。異なる事業者同士で、利用者の状況、家庭での様子といった情報を共有しないと、シームレスできめ細かなサービスは提供できません。でも、小規模な事業者には、ペーパーレス化・デジタル化が立ち遅れており、いまだに紙メインで情報管理をしているところもあります。そういう事業者を置き去りにできないため、私たちもフルペーパーレス化・フルデジタル化に踏み切れないのです。

1日の仕事がやっと終わり、肉体的にも精神的にも疲れているのに、「オフィスに戻るとまだあのルーティーンワークが残っているのか」と思うと、気が滅入ってきます。

ただ、どれだけ面倒で不効率な作業だとしても、それが嫌だからと適当に記入したり、他人からの判読が難しい汚い字で雑に記入したりするのは許されません。定められたルーティーンワークがこなせなかったら、行政指導が入る事態も考えられます。それによって、事業を一時的に停止させられたり、最悪の場合には事業の継続が困難になったりすることも考えられるのです。

そんな事態に直面すれば、組織全体の士気に関わります。

困るのは、私たちだけではありません。誰よりも、大切な利用者とその家族の方々が不安になり、困り果ててしまうのです。

介護のフィールドだけではありません。どのような仕事にも、似たようなルーティーンワークがあるでしょう。

そうした煩雑な実務作業から逃げずに、丁寧にこなすコツの一つは、その作業の捉え方を変えてみること。

ルーティーンワークと捉えると、地味で無意味なものという先入観が生じます。すると、ただでさえ嫌だと思っている作業が、なおさら鬱陶しくなります。

では、「ルーティーンワークに向き合う時間は無駄ではない。自分の1日の仕事を振り返る貴重な時間だ」と捉え直してみてはどうでしょうか。

日中忙しく働いていると、目の前の出来事だけに集中しがち。集中しすぎると周りが見えなくなったり、本来ならピックアップするべき貴重な情報を見落としたりするリスクもあります。

ルーティーンワークを行っている間、並行してその日1日の仕事を冷静に振り返ってみましょう。そこで得られた〝気づき〟が、明日の仕事に活きる場面もあるでしょう。

何よりも、ルーティーンワークを前向きに捉え直せたら、面倒に感じて後回しにしたり、作業が雑になったりするリスクが避けられるのです。

イズム12：介護する人ほど、〝遊び人〟であってほしいのです

自分の人生が満ち足りていないと、利用者やその家族といった他人の人生のサポートはできないでしょう。その点には、イズム1でも触れました。

人生を実りあるものにする方法は、人それぞれです。100人いたら100通り、いや300通りのやり方があるのかもしれません。

一人で趣味に没頭したり、気の置けない友人たちとスポーツを楽しんだり、旅行に出かけたりするのも良いでしょう。うちなら部活に入る手もあります。

何をするかは人それぞれですが、仕事でいくら疲れているといっても、休日に自宅へ引きこもって一人でお酒ばかり飲んだり、カウチポテト&スマホゲーム三昧ですごしたりするのは、できるだけ避けてほしいと思っています。

プライベートでは、さまざまなリアルな体験に積極果敢にチャレンジして、〝リア充〟を

心がけてほしいと考えているのです。

新しい趣味やスポーツにトライする、インテリアコーディネーターなど気になっていた資格の勉強を始める、行ったことのない場所へ旅行に出かけてみる……。リア充を実現するチャレンジのやり方は、何十通りもあるでしょう。長年通っているレストランでいつもと違うメニューを頼んでみたり、新しくオープンした飲食店に出かけてみたりするのも、立派なチャレンジです。

お酒を飲むのが大好きなら、引きこもってばかりいないで、日本酒の蔵やワイナリーまで足を伸ばしたり、珍しい食材を買い集めてお酒に合う創作料理を考えたりしましょう。ゲーム好きなら、せめて違うゲームを楽しんでみてください。

私は、介護の担い手たちこそ、多種多様なチャレンジを楽しむ真面目な〝遊び人〟であってほしいと思っています。

なぜ〝遊び人〟であってほしいのか。そのリア充な体験は、介護サービスの利用者とその家族に還元できる部分が少なくないからです。

利用者とその家族は、さまざまな制約から行動範囲が狭くなり、私たち以上に新しいチャレンジに向かう腰が重くなりがち。「他の人に迷惑をかけたくないから」という理由で小旅行すら躊躇《ためら》ったり、介護に追われて自分の時間をどうすごすかをゆっくり考える余裕を失ったりしている家族もいるのです。

そんな彼らに対して、〝遊び人〟なら「この間、近くの天然温泉に立ち寄ったら、露天風呂からの景色が最高でした。バリアフリー設計のようですから、日帰りで一度お出かけしてみたらどうですか？」と提案できることもあるでしょう。

利用者の家族がお酒好きなら、「地元で頑張ってオーガニックのクラフトビールを作っているところがあります。先日醸造所で試飲させてもらったら、とても美味しかったのでオススメです」などと話しかけてみましょう。

こうした提案や声がけが、利用者とその家族の暮らしに彩りを添える契機になるとしたら、とても素敵だと思いませんか？

こう書いてしまうと、「貴重な休みの時間まで、仕事のために使うのか」とか「オンとオフはきっちりわけるべき。ワーク・ライフ・バランスを考えたほうがいい」といった異論も出てきそうですね。

もちろん仕事だけが、人生ではありません。家族との時間やプライベートをバランスよく充足させることが大切です。

でも、新しい何かにチャレンジする姿勢は、家族との時間も豊かにしてくれますし、個人の時間の充実にもつながります。その結果、得られたものを仕事にも還元してみる。そう考えてみてはどうでしょうか。

長い人生では、多くの人が最終的には福祉・介護サービスの利用者となります。福祉・介護サービスを提供する側と、サービスを受ける側が、ともにリアルで実りある人生を歩める。そういう環境作りに少しでも役立ちたいと考えて、ビジョナリーは人材育成に取り組んでいます。

第4章
ゼロからの介護ビジネス経験が生んだ“へそ曲がり”の仕事術

「ホウレンソウ」不要な組織こそが最強です

イチから、いや、ゼロからのスタートで介護ビジネスを続けながら、私は試行錯誤で自分なりの仕事術を身につけてきました。

そのうち、ビジネス書などに書かれている仕事をするうえでの常識は、誰にとっても当てはまる常識ではないという思いが募るようになりました。

この章では、異色の経験をしてきた私なりの仕事術について語りたいと思います。

まず、「ホウレンソウ」のお話から。

ビジネスでは、ホウレンソウが大切だと言われています。

ホウレンソウとは、言うまでもなく、報告（ホウ）、連絡（レン）、相談（ソウ）の3点セットを意味しています。

でも、私は、ホウレンソウは不要だと思っています。

正確に言うと、ホウレンソウが不要な組織が理想だと考えているのです。

郵 便 は が き

料金受取人払郵便

小石川局承認

1105

差出有効期間
2024年 6 月27
日まで
切手をはらずに
お出しください

112-8731

東京都文京区音羽二丁目
十二番二十一号

講談社エディトリアル 行

ご住所	□□□-□□□□		
(フリガナ) お名前		男・女	歳
ご職業	1. 会社員　2. 会社役員　3. 公務員　4. 商工自営　5. 飲食業　6. 農林漁業　7. 教職員 8. 学生　9. 自由業　10. 主婦　11. その他（　　　）		

お買い上げの書店名　　市 区 町　　書店

このアンケートのお答えを、小社の広告などに使用させていただく場合がありますが、よろしいでしょうか？　いずれかに○をおつけください。

【 可　　不可　　匿名なら可 】

＊ご記入いただいた個人情報は、上記の目的以外には使用いたしません。

TY 000015-2205

愛読者カード

今後の出版企画の参考にいたしたく、ご記入のうえご投函くださいますようお願いいたします。

本のタイトルをお書きください。

a 本書をどこでお知りになりましたか。

1．新聞広告（朝、読、毎、日経、産経、他）　2．書店で実物を見て
3．雑誌（雑誌名　　　　　　　　）　4．人にすすめられて
5．書評（媒体名　　　　　　　　）　6．Web
7．その他（　　　　　　　　　　　）

b 本書をご購入いただいた動機をお聞かせください。

c 本書についてのご意見・ご感想をお聞かせください。

d 今後の書籍の出版で、どのような企画をお望みでしょうか。
興味のあるテーマや著者についてお聞かせください。

ご協力ありがとうございました。

介護業界に限らず、会社という組織は、社会にとって必要であり、社会に対して何かを還元できる力があるからこそ、世の中に存立しています。

ですから、会社組織に属しているすべての人たちは、社会における自分たちの存在意義について日々問い続けているべき。

第2章で解説したように、それをビジョナリーではビジョン、ミッション、パーパスとして明文化しています。

どう呼ぶかはさておき、多くの会社では、ビジョン、ミッション、パーパスに相当するものを持っているはずです。

自分たちがやるべきことは何なのか。

自分たちがやってはいけないことは何なのか。

トップから組織の末端の末端に至るまで、会社の存在意義に関する共通理解が徹底されていたら、いちいちホウレンソウしなくて済みます。

それぞれが自身の立ち位置で自ら考えてみれば、上司への報告も連絡も相談も不要になるのが当たり前ではないでしょうか。

いまでもホウレンソウを重視しているとしたら、その会社は「部下は上司から言われたことをただ黙ってやればいい」という昭和的な価値観にどっぷり浸かっている組織ではないでしょうか。

ホウレンソウを大前提にしてしまうと、指示されたこと以外は何もできない「指示待ち族」を生むことにもつながります。

介護では、利用者のパーソナリティも、心身の状態も十人十色。それに即したサービスの内容も千差万別です。仕事内容は極めてクリエイティブであり、指示されたことだけをやるという受け身の姿勢では満足にこなせません。

介護以外の分野でも、指示がないと行動ができないようでは、臨機応変で創造的な仕事は行えないでしょう。

そして、いつも指示されたことばかりをやっていると、仕事と向き合うモチベーションが低下します。人間は、他人から指示された事柄より、何をすべきかを自己決定して率先して取り組むものにより意欲的になるからです。

新人が仕事の基本のキを覚えるまでのプロセスでは、ホウレンソウが必要になる場面も少なからずあるでしょう。

でも、働く人一人ひとりが一人前に育つにつれて、ホウレンソウが不要な組織になるのが理想だと私は思っています。

「オンリーワン」で満足せず、「ナンバーワン」を目指す努力を

SMAPの『世界に一つだけの花』（2002年）というヒット曲が出たくらいから、「ナンバーワン」でなくてもいい、「オンリーワン」でいいという考え方に共感する人が増えているようです。

へそ曲がりのようですが、私はこの「ナンバーワン」よりも「オンリーワン」という風潮に諸手を挙げて賛成できません。どちらも大切なのです。

改めて指摘されなくても、誰しもオンリーワン！

一人ひとりが違っていいのは、当たり前。私は私しかいません。私だけではなく、誰もがかけがえのない世界でたった一人の存在です。

だから、全員が一人残らず尊重されるべき。その当たり前が浸透していれば、LGBTQへのいわれのない差別も起こり得ないでしょう。

障害者もオンリーワンだからこそ、障害があるという理由だけで「なりたい自分」を諦め

なければならないのはおかしい話。そういう理不尽をなくすサポートを少しでもやりたいというのが、『「なりたい自分」を諦めなくてもいい世界にする』というビジョナリーのミッションに通じています。

ナンバーワンしか眼中になく、他者を押し除けてひたすら競い合う「競争社会」は窮屈です。でも、オンリーワンだからという理由で、ナンバーワンへの努力を諦めてしまうのは、もったいないと思っています（『世界に一つだけの花』の歌詞が、そういう意図で書かれたものではないことは、もちろん承知しています）。

私は、元サッカー少年でした（本書で、サッカーなどスポーツのたとえ話が再三出てくるのは、そのせいでもあります）。

私の幼少期はまだ弱かった日本サッカーが、ワールドカップ出場の常連国となり、本大会でドイツやスペインといった強豪国を打ち破るところまで成長できたのは、「2050年までにワールドカップで優勝」という明確な目標を掲げているからだと思います。「日本サッカーは、日本サッカーのままでいい」などと、オンリーワン的な立ち位置を肯定していたら、ここまでの進歩は望めなかったでしょう。

ビジョナリーは、フィットネス実業団を作るなど、介護業界ではこれまでにないオンリーワン的な存在感を発揮しています。

でも、私たちはオンリーワンという立場に安住せず、介護業界で圧倒的なナンバーワンを志しています。ひょっとすると、サッカー日本代表がワールドカップで優勝するよりずっと前に、ビジョナリーはナンバーワンになっているかもしれません。

圧倒的なナンバーワンを志すといっても、規模や稼ぐ力で日本一になりたいわけではありません。影響力でナンバーワンになりたいのです。

私たちが〝影響力ナンバーワン〟となり、持続的な成長を続けるうちに、その影響を受けたフォロワーが数多く登場し、みんなで介護業界を内側から変えていけたら、日本の社会がもっと良くなり、日本経済の発展にもプラスだと信じています。

誰もが違っていいし、その違いを認め合う世界であるべき。

オンリーワンでいいというのは、流行りの言葉で言うなら、ダイバーシティ（多様性）の許容につながります。

しかし、オンリーワンも多様性も、それ自体がゴールではありません。スタートです。胸を張ってスタートラインに立ち、自分なりのナンバーワンに向かってチャレンジと努力を続けるオンリーワンの人たちと、私たちは共に走り続けたいと思っています。

自分自身は最大のライバルではなく、最初のライバルです

もう一つ、私があまり好きではない言葉があります。

それは、アスリートがよく口にする「最大のライバルは自分自身」という言葉。アスリートには最大の敬意を払っていますが、この言葉だけは嫌いなのです。

スポーツには、厳しいトレーニングや練習が不可欠。ハードなトレーニングや練習をやり切るには、他人と競う前に、自身に打ち勝つ必要があります。

自分自身に甘く「しんどいから、今日はこれくらいでいいや」と妥協していたら、望んだように追い込めないので、体力もスキルも思ったようにレベルアップしません。ライバルには到底打ち勝てないでしょう（疲労回復が追いつかないオーバートレーニングでは、モチベーションもパフォーマンスも落ちますが、その話はここでは脇に置きましょう）。

私にもボディコンテストへの出場経験があり、ガチで鍛えたことがありますから、トレーニングにおいて自分といういちばん身近なライバルを超える重要性は、痛いほど理解できます。

ボディビルの世界チャンピオンでもあったアーノルド・シュワルツェネッガーが、「筋肉がノーと言ったら、私はイエスと答える（When my muscles say No, I say Yes!）」という名言を残している通り、自らの筋肉の限界を超えるトレーニングに耐えて、はじめて肉体は規格外の大きさに育ってくれるのです。

フィットネス実業団の選手に限らず、ボディコンテストの出場者は、自身との戦いに打ち勝ってはじめてコンテストのステージに立てます。そこで、ようやくライバルたちと競い合う資格が手に入るのです。

それは、スポーツやボディコンテストだけではなく、介護のみならず、通常の仕事でも同じではないでしょうか。

仕事に勝ち負けはつきませんが、何事も誘惑に負けて怠けていたら成長はありません。自分というライバルに勝てて、やっとスタートラインに立てるのです。

スタートを切ってから先では、優れた先輩やライバルから学び、日進月歩で自らをより高め続けることが求められます。

自分自身は最大のライバルではなく、最初のライバルにすぎないのです。

異業種交流会に参加するのは時間のムダ。タイパは最悪です

人生でもっとも重要な資産は、時間です。

どんな人でも1日は24時間、1時間は60分。時間は、お金では買えません。

Z世代は、時間の大切さを「タイパ」という言葉で表現することがあります。

タイパ（タイム・パフォーマンス）とは「時間対効果」のことで、かけた時間に対する成果などのパフォーマンスの大きさを意味しています。費用対効果＝コスパ（コスト・パフォーマンス）にならって生まれた表現です。

運動不足で悩んでいる人に私がトレーニングを勧めると、「時間がないからトレーニングはできない」という答えがよく返ってきます。

でも、前述のように、時間は誰でも平等に1日24時間。トレーニングしている人は1日が30時間あるから運動しているわけでもなければ、暇だからトレーニングしているわけでもありません。

運動に限らず、英会話や仕事のスキルアップなどに取り組まない理由として、「時間がない」

という見え透いた言い訳をするのは、要するに優先順位が低いから。他に優先したい何かがあるから、運動や英会話やスキルアップに取り組む時間がなくなるのでしょう。

マルチタスクでとにかくやるべきことを多く抱えるビジネスパーソンには、時間を効率的に使うタイムマネジメントが重視されます。

でも、いかに時間を効率的に使うかよりも、物事の優先順位をはっきりさせるほうが、先決かつ肝要だと私は思っています。

タスクを俯瞰してその優先順位を明確にしておかないと、優先度の低いものに時間を浪費し、優先度の高い仕事が〆切までに終わらないといった失敗をします。

優先順位を決めるには、目標・目的を明らかにしておくのが大前提。

ゴールが明白になっていて、それをいつまでに達成したいかの期限が定まっていれば、優先順位は自ずと定まります。

5年後にクリアしたい目標・目的があれば、今年中に何をすべきか、今月中に何をどの順番でこなすべきか……などと逆算できるようになり、突き詰めると今週、そして今日何をどうすべきかが明らかになります。

言うまでもなく、より重要な目標・目的、より期限が近いものほど優先順位が上がり、真っ先に片付けるべきタスクとなります。

仕事においても、私生活においても、目標・目的は状況や環境の変化に応じて柔軟に変わるものでしょう。期限もまたしかりです。

ですから、毎月最終日曜日などとタイミングを決め、最低1カ月に一度は目標・目的、期限を再確認。次月にやるべきことの優先順位を検討してください。

そうすれば、タイパが悪くなることも、タイムマネジメントが下手になることもないと私は思っています。

ついでにもう一つ、へそ曲がりを言わせてください。

起業を考える若手のなかには、異業種に人脈を広げたり、ビジネスに対する新たな着想を得たりするために、若手の起業家や経営者が多く参加する交流会に積極的にエントリーする人もいるでしょう。

でも、起業を真剣に考えているなら、むしろ交流会こそ優先度の低いタスク。手あたり次第に参加するのはもってのほかであり、タイパは最悪だと思っています。

戦後日本の製造業を代表するソニーもホンダ（本田技研工業）も、元をたどるとベンチャー企業です。日本を代表するＩＴ企業であるソフトバンクも、やはりベンチャー企業からあそこまで大きくなりました。

世界に目を移しても、アップル、アマゾン、フェイスブック（現メタ）、グーグル（現アルファベット子会社）といった巨大ＩＴ企業だって、始めはベンチャー企業です。

そう聞くと「交流会で未来のソニーやアップルの創業者と知り合えるかもしれないぞ」と夢は膨らみますが、現実はそう甘くありません。

これは「生存者バイアス」と呼ばれるもの。失敗した対象を顧みず、成功（生存）した対象ばかり見ているから、そう思えるだけ。ソニーやアップルの成功の裏には、どちらにもなり損ねた失敗例が山のように転がっているのです。

日本には創業１００年を超える企業が多くあります。一方で毎年平均４％の割合で廃業しています。その割合は、創業まもないベンチャー企業ではもっと高いでしょう。

ですから、貴重な時間を費やして参加した交流会で広げた人脈が5年後、10年後に役立つ可能性は決して高くないのです。

交流会に参加する時間があったら、もっと優先度の高いタスクに集中して時間を使ったほうが、タイパはずっと高いのではないでしょうか。

社内恋愛は大歓迎。恋愛をサポートする「合コン部」も活動しています

会社によっては就業規則で「社内恋愛禁止」を明記しているところもあります。
私が以前働いていた美容業界でも、スタッフ同士の恋愛を禁止しているところは少なくないようです（私が勤務していたヘアサロンは、社内恋愛禁止ではありませんでした）。美容業界には若い男女が多く働いており、恋が生まれやすい環境です。それでも恋愛に心を奪われず、目の前の仕事に集中してほしいのでしょう。

不倫は論外ですが、恋愛は個人の自由。会社が人の心を抑えつけることはできません。どんなに禁止したとしても、ウマが合えば恋愛感情も生まれるでしょう。

「社内恋愛禁止！」と声高に叫びすぎると、カップルはその関係を周囲に隠そうと無理をします。すると噂が噂を呼び、社内の風通しが悪くなったり、ギクシャクした雰囲気が生じたりすることも考えられます。

ビジョナリーは、社内恋愛大賛成。そのために設けているのが「合コン部」です。これは

部活（74ページ参照）ではなく、会社の福利厚生制度の一つです。

むろん恋愛を強制しているわけではありません。

でも、異性でも同性でも好きな人ができたら、元気に働く活力になります。過去を振り返ってみると、私はそうでした。

好きな人ができて「あの人のためにも、もっと仕事を頑張りたい」といった気持ちが生じたら、仕事には大いにプラス。社内・社外を問わず、誰かにトキめいて恋愛している人たちが増えてきたら、それだけ組織のエネルギーも明るく前向きになり、パフォーマンスアップにつながるのではないでしょうか。

ところが、いまの若い人たちには、恋愛下手が少なくないようです。日本では現在、恋愛結婚が約9割。一方で「恋人として交際した人がいない」と回答した20〜30代の独身の女性は24・1％、独身の男性は37・6％。特に交際経験のない20代男性は4割近いそうです（出典：内閣府『令和4年版男女共同参画白書』）

プライベートの恋愛にまで、会社が口を出さなくてもいいとは重々承知しています。

ですが、仮に恋愛はしたいのに、忙しくてその機会がなかったり、1対1で向き合うのが苦手だったりといった理由で恋愛をためらっているのだとしたら、それはもったいないと私は思います。

また、ビジョナリーも初めは少人数で全員が毎日顔を合わせるような状況でしたが、組織が大きくなるにつれて部署も増えてきました。それにともない、同じ組織の一員なのに、顔を合わせて話をする機会が滅多にないという問題も生じました。

それではコミュニケーション不足に陥り、組織力が低下する恐れもあります。合コン部は恋愛だけではなく、コミュニケーションをより活発化する施策の一つでもあります。


世界的な巨大ＩＴ企業となったフェイスブック（現メタ）は、創業者が在学していたハーバード大学の学生同士の交流を円滑にするため、大学当局に無断で、顔写真とプロフィールをオンライン化した学生名簿を作ったことからスタートしています。

それと比べるのもおこがましい話ですが、ビジョナリーの社内スラックのプロフィール欄には必ず顔写真を添えてもらっています。

添える顔写真にこれといった規定はありません。パスポートや履歴書に添付するような堅苦しいものではなく、自分らしさが感じられるものなら何でも大丈夫。写真が嫌なら、イラストでも似顔絵でも構いません。ちなみに、フェイスブックがハーバード生に受けて成長のきっかけが摑めた一因は、入学時に撮影したお仕着せの顔写真ではなく、自分の好きな写真を自由にアップロードできたからだそうです。

合コン部による合コン設定の流れは、次のようになっています。

プロフィールや顔写真をチェックしてみて、「この人をもっとよく知りたいな」と気になる人がいたら、その旨を合コン部の主体となる人事部に報告します。

仮に、鈴木さんという男性が、田中さんという女性が気になり、人事部に合コンの設定をお願いしたとしましょう。

人事部は、鈴木さんと田中さん以外の独身4人にアトランダムに声をかけて、合計6人で合コンを設定します。無理強いはしませんから、合コンに気が乗らない人はもちろんパスできます。その場合は〝代打〟を立てます。本命の田中さんがパスしたら、合コン自体が不成立となります。

集められた6人は、「このうちの誰かが誰かを気になり、人事部に声をかけたんだな」という事実だけは承知しています。

でも、鈴木さんが田中さんを指名したという事実は全員に伏せられています。事情がわかっているのは、鈴木さんだけ。その鈴木さんが、自ら「僕が田中さんを指名しました」と告白するのはルール違反です。

鈴木さん以外の参加メンバーは、「このうちの誰かが、自分と仲良くなりたいんだな」というワクワク感を持って参加しています。

そんな前向きな気分があれば、鈴木さんと田中さん以外の参加メンバーでカップルが誕生する可能性だって考えられます。

合コン部は、出来たてホヤホヤ。スタートしたばかりの取り組みであり、コロナ禍での中断もありましたから、合コンからカップルが成立したケースはまだありません。

でも、たとえカップルにならなくても、普段顔を合わせない者同士が、前向きな気分で打ち解けて話をするのは、良いことだと思っています。全額ではありませんが、合コンにかかる飲み代などの費用の一部を、会社が負担することにしています。


お客様は神様ではありません。対等の関係作りを目指します

高齢化が加速して介護サービスの利用者数が増えてくるにつれて、介護サービスを提供する側からのハラスメント（嫌がらせ）が社会問題化しています。

立場の弱い利用者への暴力や暴言が明るみに出るケースも少なくなく、刑事事件になることもあります。こうしたハラスメントは言語道断。決して許されません。

逆に、利用者とその家族の方々からのハラスメントもあります。最近、ネットなどで話題になっている「カスタマーハラスメント」。略して〝カスハラ〟です。

〝カスハラ〟とは、お客さんや取引先からの悪質なクレーム要求のこと。パワハラやセクハラに続いて増えています。

その昔、「お客様は神様です」というフレーズが流行りましたが、お客さん（私たちの業界では利用者）は神様ではありません。

私たちは、介護スタッフは利用者の食事を作り、おむつを替え、お風呂に入れるだけの存在だとは捉えていません。毎日の暮らしにいちばん近くで寄り添い、人生を支えていくパートナーの一人だと思っています。

ですから、利用者とその家族が喜んでくれるようなサービスを全力で提供しています。介護サービスのクオリティについては、どこにも負けない自信があります。

だからこそ、利用者とその家族とは、対等の関係でありたいと思っています。そうでないと、ビジョナリーという会社の価値も、現場で汗を流しているスタッフたちの尊厳も守れないからです。

対等な関係ですから、私たちのサービスに至らないところがあれば、何なりと指摘して下さって構わないと思っています。そうした声を真摯に受け止め、より良いサービス提供に役立てたいと考えています。

ですが、顧客（利用者）という立場を利用した、根拠のないクレームの報告が上がってきたら、会社が前面に出て利用者とその家族に対して「おっしゃっていることは、納得できません」とストレートに伝えるようにしています。

ギリギリまで粘り強く相互理解を図る努力をしても、理解して頂けなかったり、改善の気配が見受けられなかったりしたら、「本当に残念ですが、うちではこれ以上サービスを提供できません」と伝えています。私たちは、地域の介護のしんがりを担いたいと考えていますから、これはあくまで最終手段です（172ページ参照）。

「利用者を失うかもしれないのに、勇気があるなぁ」と思われるかもしれません。それは毎日親身になって働いてくれている大事なスタッフ一人ひとりを守るために、欠かせない対応だと捉えています。

「怒る」な「叱れ」。「叱る」なら後で。「褒める」ならその場で

若い世代には、叱られることに慣れておらず、打たれ弱くて、ちょっと叱られるだけで心が閉じたり、折れたりする繊細なタイプも多いようです。

ですから、叱り方にも工夫が求められます。

何よりも肝心なのは、「叱る」と「怒る」を取り違えないこと。

「叱る」とは、相手を良い方向へ導き、成長を促すために、あくまで冷静に何が悪いかを気づかせること。それに対して「怒る」とは、明確な方向性を持たず、自らの感情をただぶつけることを言います。

どのような局面でも、「叱る」ことは許されても、「怒る」ことは許されません。

会社では、叱るのは上司、叱られるのは部下でしょう。

上司と部下という立場の違いはあっても、オンリーワンの人間同士として対等。それを忘れてしまうと、各種のハラスメントが起こります。上司が部下を叱る場合でも、対等だという事実を忘れないようにしたいものです。

ファミレスでオーダーを取り違えたスタッフを怒鳴りつけたり、道を間違えたタクシー運転手さんを口汚く罵ったりする人もいるようです。前述のカスハラの一種です。

カスハラが起こるのは、人と人が対等だという基本原則を忘れているから。職場でも、この原則を忘れないようにしてください。

上司がついカッとなって高圧的に「怒る」と、怒られた側は恐怖心と緊張感が先行して心を硬く閉ざします。その状況下で、どんなに良いアドバイスをしても、怒られた側の頭には何も残らないでしょう。「一刻も早く怒りが収まり、この場から離れたい」と考えているので、上司の言葉に馬耳東風になってしまうのです。

さらに「怒られるのはこの人が自分を嫌いだからだ」と誤解されると、人間関係もコミュニケーションも悪くなります。それ以降、怒りを抑えて叱ったとしても、その真意を理解してくれなくなるでしょう。

叱るときも、怒りは完全に封印して、できるだけ穏やかにアドバイスしましょう。

また、立場が上の人から叱られるほど、相手は萎縮しますから、できるだけ距離感が近い立場の人間から助言するようにしてください。

「叱る」と「怒る」を区別して、高圧的にならないために有効なのは、「褒めるときはその場で、叱るときは後で」という原則を守ること。

うちでは、上司が部下の良いところを見つけたら、すぐに声をかけて褒めるように指導しています。それが仕事のやりがいにつながるからです。

「笑顔がいつも素敵」

「机の整理整頓が行き届いている」

「報告書の字がキレイ」。

褒めるポイントは、どんなに些細なことでもいいのです。ハードルをうんと下げれば、褒めるべきポイントはいくらでも見つかります。

そのためには、部下を観察しておくべき。そこには、「イズム7」の❷細やかな観察力&メモ力が生きてくるでしょう。

褒めるべき事柄があれば、その場ですぐ褒めた方が、褒められた方もモチベーションが上がります。時間が経ってから褒められても、「一体何を褒められているんだっけ？」とピンとこない可能性もあります。

反対に、叱るときは時間を置いてからにしましょう。「怒り」の感情が自然に収まってくるので、「叱る」と「怒る」を混同する恐れが減るからです。

怒りのコントロールを目指す「アンガーマネジメント」によると、カッとなって怒るとその感情は5〜7秒後にピークに達するとか。7秒を超えると、ストレスで瞬時に分泌されたアドレナリンというホルモンが分解されてしまうので、怒りの感情が爆発する確率が低くなるそうです。

その意味でも、「褒めるときはその場で、叱るときは後で」は理にかなっています。

第5章
どん底の私を介護が救ってくれました

ここまで繰り返し触れているように、私は初めから介護ビジネスに飛び込んだわけではありません。そこまでには、苦い挫折の歴史がありました。

それについて第5章と第6章で語りましょう。

憧れの美容室で社会人としてスタート

私は1985年、岐阜県羽島市生まれ。高校卒業後、美容専門学校で2年間学んだ後、20歳で美容師として働き始めました。

美容師を志したのは、中学生の頃。

私が中学生だった1990年代後半は、空前絶後の美容師ブームが日本を席巻していた時代でした。

芸能人の担当ヘアスタイリストとしてその名が広まった「カリスマ美容師」たちがテレビなどのメディアで盛んに取り上げられるようになり、美容師は一気に中高生たちの憧れの職業上位にランクインします。

99年には、東京都内の6つのヘアサロンから美容師が1対1のリーグ戦形式で戦うテレビの深夜番組（フジテレビ系列『シザーズリーグ』）が人気を集めました。私も夢中になって観ていた記憶があります。この番組は残念ながら、人気の出演者が無免許美容師だったという衝撃の事実が明らかになり、打ち切りとなりました。

美容師ブームを背景として、中学時代には例に漏れずファッションに興味を持ったこともあり、「美容師ってカッコいい」という憧れが強くなり、美容師を志したのです。

同時に、実力次第では人気が出てテレビにも出てお金だって稼げる……。美容師のそんな華やかな部分にも惹かれていた記憶があります。タレントやスポーツ選手に憧れる感覚に近い部分があったのかもしれません。

美容専門学校の卒業を控えた就職活動中、私は愛知県内で多くの美容室を徹底的に見て回りました。

そのなかで、対応がとても丁寧で好感度が高く、多くの美容師たちが楽しそうに働いている美容室がありました。それは、名古屋市を基盤として多店舗を展開していた有名なヘアサロン。仮に、A美容室としましょう。

私はA美容室に入りたいと熱望していたのですが、同じように考える学生たちが大勢いたらしく、人気が高くすんなり入るのは難しい状況でした。倍率はおそらく10倍（100人以上受けて、入社できるのは10人程度）を超えていたでしょう。

どうしてもA美容室に入って一人前になりたい。どうやったら入れるのか。考えた挙句、私は一計を案じました。

というのも、私は美容学校でも飛び抜けて技術が高いタイプではありませんでした。実習についていけないほど下手ではないけれど、同級生を凌駕するような抜群のテクニックの持ち主でもない。学校の成績は中の中くらいでした。

「これでは全然目立たない！」「中の中では選んでもらえない！」と焦ったので、ここは正攻法ではなく、一捻りするべきだと考えたのです。思い返すと、いまのビジネスのやり方に、どこか通じる部分があるのかもしれませんね。

A美容室の会社案内をじっくり眺めていると、そこにホームページのURLとメールアドレスが記載されていました。

現在はウェブ経由で応募するのが主流になっていますが、2000年前後はいまほどインターネットが普及しておらず、スマートフォンは影も形もありません。全員がガラケーだった時代です（アップルからiPhoneが発売されるのは、2007年です）。

そこで私は、自分のガラケーからA美容室の社長宛に、「どうしても御社で働いてみたいです！」とストレートな思いをメールに託しました。

ビジネスマナーを知らず、メールにも不慣れな若造でしたから、肝心の送信者の署名すらない状態で送ってしまい、向こうから「どこの美容学校の何と言う生徒さんですか？」という問い合わせが来る始末。

その後、A美容室から美容学校に問い合わせがあり、ようやく「どうやら丹羽がメールを送ったらしい」と判明。

社長から「一度本社に来なさい」と直々に呼び出してもらい、直接会って「ぜひ入りたいです！」と熱く訴えた結果、面接を経て無事入社できる運びとなりました。

「ナゾナゾくん」というあだ名で可愛がってもらいました

私の同期は10名ほど。彼らと切磋琢磨したA美容室での修業時代は、いま思い返しても楽しい思い出ばかりです。

配属されたのは、名古屋市で最大の繁華街として知られる栄にある本店。

見習い仕事は夜遅くまで続きますから、終電がなくなってもサロンまで自転車で通える距離に一人暮らしをしました。

給与は16万円ほど。栄まで自転車通勤できる圏内だと家賃もそれなりに高いので、食費をとことん切り詰めていました。

外食は一切せず、鰻のタレご飯（文字通り、鰻のタレだけをご飯にかけたもの）、卵かけご飯、ホットケーキという3パターンを延々とローテーションしていました。栄養は二の次、三の次。お腹がいっぱいになれば、それで良かったのです。


新卒者は全員アシスタントからのスタートです。

前述のように、私は技術的に優れているタイプではありませんでした。いち早く先輩スタイリストから認められたり、お客さんから名前を覚えてもらったりするには、技術だけに頼っていては到底太刀打ちできない。そう悩んだ末に私が捻り出したのは、「ナゾナゾ」を出すという作戦でした。

アシスタントは、一人のお客さんにマンツーマンでずっとついているわけではなく、話が盛り上がっている最中でも、先輩から呼ばれるとすぐに離席する必要があります。シャンプーや掃除など、アシスタントがやるべきことはてんこ盛りだからです。

そこで離席する際、お客さんにナゾナゾを出すようになりました。「いまから席を外しますね。ナゾナゾを出しますから、僕が戻ってくるまで、正解を考えておいてください」と声をかけるようにしたのです。

ナゾナゾを出すと、私の声が聞こえている隣の席のお客さんたちも気になり、一緒になって正解を考えるようになりました。

たとえば、「三角なのに四角なのは何でしょう？」というナゾナゾがあります。正解は「口」。画数は三画（三角）なのに形は四角形だからです。こうしたナゾナゾのネタは、本を読んで必死に集めました。

正解を考えている間、お客さんたちは自然と無言になります。すると、先輩スタイリストたちも、「アシスタントは普通、場をいかに盛り上げるかに知恵を絞るのに、あいつは周りを黙らせる珍しいタイプだぞ」と注目してくれるようになりました。

そのうち1階でアシスタントについていても、2階の先輩から「ナゾナゾくん、お客さんが呼んでいるから来てよ！」などと声がかかるようにもなりました。

A美容室は2階建てでした。私はいつの間にか1階から2階まで1日に何往復もする、移動距離が史上でいちばん長い新人と言われるようになったのです。

笑いを取って先輩にもお客さんにも覚えてもらおうという発想は、かつてのカリスマ美容師の代名詞で、人気ヘアサロン「アクア」の創業者でもある綾小路竹千代さんのアシスタント時代のエピソードをヒントに生まれました（綾小路さんは２０２２年、残念ながらお亡くなりになりました）。

綾小路さんがアシスタント時代に勤めていた美容室は、凄まじい人気ぶりだったとか。ところが、あまりに忙しすぎたため、ある日ずっと待たされていたお客さんの一人が、「一体いつまで待たせるのよ！」とブチ切れたそうです。

他のアシスタントたちは、「とうとう怒っちゃったよ」「やばい、やばい」とプチパニックになってオドオドしていたところ、綾小路さんは颯爽と小走りでやってくると、なんとスライディングでお客さんの席の下に滑り込んだそうです。

驚くお客さんに、「いまのはセーフですか？　アウトですか？」と綾小路さんが真顔で聞いたところ、お客さんが思わず吹き出してその場が丸く収まったのだとか。

綾小路さんは技術もセンスもアシスタント時代からズバ抜けていましたから、へたれの私と比べるのは畏れ多いのですが、そんなふうに記憶に残る人になりたいという強い思いを抱いていたのです。

1年半で美容室を辞めた2つの理由

ちょっとした人気者になれたのに、結果的に私は入社してからわずか1年半で熱望して入ったA美容室を辞めました。

それには大きく2つの理由がありました。

一つ目は、憧れだった先輩の専任アシスタントになれなかったこと。

1年目までは専任制ではありませんが、2年目からは特定の先輩だけにつく専任アシスタントとなり、その背中を見ながら腕を磨きます。

私が専任アシスタントにつきたかったのは、A美容室のなかでもとくに人気があったMディレクターでした。

彼は、多くのメディアからも、カリスマ美容師の一人として盛んに取り上げられていた実力の持ち主。そのディレクターに、専任アシスタントとして選ばれたいという思いで、1年間努力してきたといっても過言ではありませんでした。

自分の希望も伝えてあったので、選ばれる自信があって大いに期待していたのですが、残念ながら別の同期が専任アシスタントに選ばれました。

納得できなくて会社に理由を尋ねたところ、「Mディレクターは、誰が専任でついても人気は不動だ。丹羽には、伸び代のある若手スタイリストを盛り上げて人気者へと押しあげてほしい」という答えが返ってきました。

経営者となったいまなら納得できる回答ですが、そのときはただただ悔しくて残念でたまらなかったのを覚えています。

もう一つの理由は、そのMディレクターの給与を偶然知ったことでした。あくまで噂でしたが、それなりの金額ではありました。ですが、朝から夜まで毎日寝る暇もないくらい働き続けている姿を身近でよく知っていたので、「憧れのカリスマが、あれだけ寝食を忘れて頑張って、これくらいしか稼げないのか」と驚くとともに、美容師という仕事に勝手に投影していた夢と希望が一気に萎んでいくのを感じました。

新人で入り、一人前のスタイリストになるまでに5~6年かかります。そこからディレクターになるには、7~8年以上を要します。そこまで到達できたとしても、いわば別格であるMディレクターの給与を超えるのは容易ではないでしょう。

学生時代に美容師に憧れたのは、美容師が時代の最先端を走る〝とんがった〟存在として光り輝いて見えたから。

自分も寝ないで努力して有名になれば、すぐにでも地位も名声も、そして大金も得られると信じていました。その憧れが、どうやら幻想だと気がついたのです。

その頃、美容業界自体が、大きな曲がり角に差し掛かっていました。

バブル期のディスコでは、入り口に仁王立ちになった黒服が、入っていいお客さんと、そうではないお客さんとを選別していたと聞いたことがあります。

同じように、90年代後半から2000年代にかけてのカリスマ美容師ブームの頃には、お店がお客さんを選ぶ時代。

なかには、店舗の入り口をわざとすごく狭くして、「ここを通れない（太った）お客さんはお断り」と暗にアピールするところすらあったのです。現在ならコンプライアンス的に大問題。SNSで大炎上間違いなしですね。

サロン同士の競争が激しくなり、美容師ブームにそろそろ翳りが見え始めてきたのが、私が美容師になった頃の現状。

それから20年ほど経った現在では、美容室は日本全国に26万軒ほど。年々増え続けており、同じく5万7000軒前後とされるコンビニの4倍以上の数があり、完全な過当競争に陥っています。美容室がお客さんを選ぶのではなく、お客さんが美容室を選ぶ時代に180度様変わりしているのです。

経営者への憧れが芽生え始めます

美容師への憧れの気持ちが色褪せると同時に、私の心のなかに、経営者への憧れがいつの間にか芽生えるようになっていました。

Mディレクターは、失礼ながら華やかな活躍の割には薄給だと思いましたが、サロンを経営している社長は羽振りがよく、高級なドイツ車を乗り回していました。

そうした現実を目の当たりにして、「結局、いちばん稼げるのは会社の経営者。地位も名誉もお金も手にしたいなら、経営者を目指した方がいいかもしれないぞ」という思いが胸に宿るようになったのです。

出会いもありました。

同郷で中学、高校の同級生で、部活も同じサッカー部で仲の良かった友人と、名古屋市で偶然再会したのです。

そのとき彼は東京の会計事務所で働いており、帰省中。カフェでお茶を飲みながら、「実家が会計事務所をやっているので、ゆくゆくは地元に戻って会社を継ぎたい。そのために会計の勉強以外にも、経営の勉強をしている」という話を聞かされて、さらに経営者への興味が掻き立てられました。

「世界は誰かの仕事でできている。」というCMの名コピーがあります。世の中には多種多彩な仕事があり、それを担っている会社があり、それぞれに経営者がいます。

私は、学生時代から美容師しか眼中にありませんでした。けれど、社会に出てそうした当たり前の現実と向き合うようになり、美容以外のフィールドで起業して経営者になってみたいという思いが日に日に強くなりました。

母親の飲食店で経営者修業を始めましたが……

悶々とした思いを抱えながら、半年ほど美容師の仕事を続けていましたが、就活中から大好きだった先輩スタイリストがサロンを辞めるという話を聞き、同じタイミングで私も退職を決意します。

その先輩は甘いルックスで女性客からの人気も高く、技術的にもセンス的にも卓越したものを持っていました。

先輩は、A美容室では将来を期待されていたスタイリスト。私を含め同期たちも揃って目標としていた憧れの先輩だったのに、結婚を期に美容師をあっさり辞め、実家の事業を継ぐというのです。つまり経営者になるのです。

この件も、「美容師という仕事は、私にとっても一生の仕事ではないかもしれない」と思う引き金となり、経営者になりたいという気持ちがますます強まりました。

私が退職を告げると、有難いことにMディレクターは「これからも頼りにしているよ」と熱心に慰留してくださったのですが、私の決意は揺るぎませんでした。

こうして私は、1年半の美容師生活に別れを告げたのです。

私の母は、地元の一宮市で小さな居酒屋を経営していました。

経営者としての勉強をイチからやりたいと思っていた私は地元に戻り、母の居酒屋の手伝いをしながら、接客や経理などを実地で学ぶことにしました。

経営者になりたいと思っていたものの、具体的にどの業界でどんな会社を経営するかまでは決めていませんでした。

飲食店をやりたかったわけではなかったのですが、手近で経営の体験ができるところは母の居酒屋しかなかったのです。

ところが、母の居酒屋での〝修業〟は、数カ月であっけなく終わりました。

母には店を大きくしたいという望みはなく、赤字にならない範囲で、顔馴染みの常連相手に楽しく仕事ができればいいと思っていたようでした。仕事というより、お金も多少稼げる趣味の延長と捉えていたのでしょう。

帳簿も完全などんぶり勘定。レシートを満足にチェックもせず、常連には「今日は3000円でいいよ」などと気軽に言ってしまう始末。

しかし、すでにいっぱしの経営者気取りだった私は、メニューを絞って原材料の無駄を減らしたり、チラシを配って新しい顧客を開拓したりしたいと思っていました。

母とはまるで水と油。何かにつけて意見が対立し、毎日喧嘩をするような有様。ついには母のお店を飛び出してしまったのです。

詐欺に引っかかり、消費者金融で400万円の借金を背負いました

母のお店を飛び出した私は、美容師時代に住んでいた名古屋市栄に舞い戻りました。一宮市は田舎町ですから、都会の空気が恋しくなったのです。

そこで始めたのは、クラブでのアルバイト。クラブといっても女性が接客するスタイルのお店ではなく、DJが流す音楽に合わせてフロアで踊るタイプのお店です。

このお店でバイトをしようと思ったのは、夜の仕事で時給が良かったから。テーブルの飲み物を片付けたり、酔っ払ったお客さん同士の軽いイザコザを丸く収めたりするホール係を任されました。

そのクラブは名古屋でも有数でしたから、一目でお金持ちとわかるVIPたちが盛んに出入りしていました。なかには、自分と歳はそう変わらないはずなのに、羽振りが良くて豪快な遊び方をしている人もいました。

そんな煌《きら》びやかな世界に触れた私の心のなかには、「早く経営者になり、お金を稼いで〝あちら側〟の仲間に入りたい」という思いがふつふつと湧いてきました。

憧れを持っていたのは、私だけではありません。

深夜に仕事がハネた後、バイト仲間たちと1杯飲みながら話をするたびに、「年齢的にも変わらないのに、仕事で大成功してお金を稼いでいる人は大勢いる。俺たちも、やれば何かできるんじゃない？」と盛り上がりました。

そして、なかでもとくに仲の良かった4人が集まり、新たなビジネスを始めることにしました。その先に、私は起業を見据えていました。

バイトは夜20時に出勤すればＯＫなので、昼間の時間帯はまるまる自由に使えます。

その時間を活かして最初に手がけたのは、フルコミッションの営業代行。

その頃、インターネットでホームページを作る企業が名古屋でも増えてきました。そこへ飛び込みで営業をかけて、「いまのサイトはパソコンでないと見られませんよ。最近はガラケーでネットを見る人が増えています。ガラケー用のサイトを作りませんか？」と声をかける仕事です。いまならスマホ用サイトですね。

この他にも、営業代行の仕事を並行していくつも手掛けるようになり、そちらで稼げるようになってきたので、私はクラブのバイトを辞めました。

そのうち、バイトをしていたクラブの常連客から紹介してもらった人に、「ＯＡ機器の営業代行をやらないか?」と声をかけられました。

その方は、若いのにとくに羽振りがよく、クラブでは毎夜ヨーロッパの超高級ブランドのファッションで決めていました。「この人の口利きなら、間違いないだろう」と思った私たちは、二つ返事でその仕事を引き受けました。

ところが、好事魔多し。それが大きな落とし穴だったのです。

詳細の記述は差し控えますが、詐欺まがいの手口に引っかかり、最終的に私は消費者金融から400万円の借金を背負うことになりました。

挫折の後、介護の仕事との運命的な出合いが待っていたのです

私はまだ22歳の若造でした。

大学に進学していれば、社会人としての第一歩を踏み出す年頃です。でも私は、経営者になる夢が破れたばかりか、多額の借金を背負い、「人生、詰んだ」と思い詰めるような絶望感と挫折感に押しつぶされていました。

名古屋を追われるように岐阜へ再び戻ってきた私は、再度母のお店(そのときは居酒屋から焼肉屋へ業態変更していました)の手伝いを始めました。実家に住み、お店の手伝いでも

らったお小遣いを、借金返済に充てることにしたのです。

私は騙されたことで深刻な人間不信に陥り、将来を悲観して「このまま世の中から消えてしまいたい」と思い詰めるようになっていました。

休日も自宅に引きこもり、無気力になり、ネガティブな沼に沈んでいく私の心中を察した母が勧めてくれたのが、介護の仕事だったです。


私には、歳の離れた姉が一人います。彼女はホームヘルパー（訪問介護員）として長年訪問介護の仕事をしていました。

母は「あなたは、他人から騙されるくらい素直で優しいのだから、介護の仕事が向いているかもしれない。お姉さんの手伝いをしてみたらどう？　うちでバイトをするよりも、お金にもなるはずだよ」と言ってくれました。

私は介護にまったく興味がなく、自分にできるとも思っていませんでした。

母の勧めは、「いや、俺はいいよ。無理だよ」といったん断りました。それでも姉も「あなたは元美容師なんだから、利用者さんの髪を切ってよ。それならできるでしょ」と誘ってくれたので、ある日姉の訪問介護に付き添うことにしました。

訪問先は、古めかしい県営住宅に住む、70歳前後の男性でした。

久しぶりに愛用のハサミを手にして、ボサボサで伸び放題だった髪を丁寧にカットしてスッキリさせると、その高齢男性は私の目を見て「ありがとう。ありがとう」と何度も感謝してくれました。

暗い絶望の底にいた私にとって、その言葉は希望の光のようでした。

「こんなダメダメな自分に『ありがとう』と感謝してくれる人がいる！」と思うだけで、胸がギュッと締め付けられるような気持ちになったのです。

1979年にノーベル平和賞を受賞した修道女マザー・テレサは、「この世で最大の不幸は、人から見放されて『自分は誰からも必要とされていない』と感じることなのです」という言葉を残しています。

逆に言うなら、この世で最大の幸せは、「自分は他人から必要とされている」と感じることではないでしょうか。

初めての介護の現場で、心からの「ありがとう」という言葉に心を揺さぶられた私は、他人から必要とされる介護という仕事の素晴らしさに目を開かれました。

それと同時に、「介護士は、ひょっとしたら美容師よりもクリエイティブな仕事かもしれないぞ！」という興味も湧いてきました。

お客さんの要望に合わせてヘアスタイルを作り上げる美容師は、確かにクリエイティブな仕事です。でも、『シザーズリーグ』などのメディアで、スポットライトを浴びていたのは、小手先のテクニックの競い合い。ヘアスタイルが、お客さんの人生に何をもたらすかまでは、多くの美容師は考えていないでしょう。少なくとも、私はそうでした。

美容師が関わるのは、もっぱら首から上だけ。一方、介護という仕事は、利用者とその家族の方々の人生全般に丸ごと関わります。果たしてこれ以上にクリエイティブな仕事があるでしょうか。

のちのち介護の仕事を始めてから、私はこんな体験をしました。

生まれつき両手が不自由な利用者が、ある日私たちのアドバイスで、口で絵筆を操ってイラストを描き始めました。その作品の数々が斬新かつアーティスティックで、「個展を開いたら大勢の人が集まり、人気が出るだろうな」と思えるような仕上がりでした。

これはほんの一例。それまでできなかったこと、あるいはそれまで諦めていたことが、介護スタッフや家族のサポートで可能になる場面も少なくありません。

そんな瞬間に立ち会うたび、「介護という仕事は、なんて素敵でクリエイティブな仕事なのだろう」といまでも思うのです。

感謝されて、必要とされて、しかもとびきりクリエイティブ。

そんな介護の仕事をもっと知りたい。そう思った私は、近くの施設介護の事業者に「ボランティアで利用者の髪をカットさせてください」と連絡を入れました。そして美容師時代の友達と2人で施設を訪れて、数多くの利用者の髪をキレイに整えました。

その施設でも、利用者から「ありがとう」という声をたくさんかけてもらいました。そして職人気質の介護スタッフがテキパキと働く施設の雰囲気は、慣れ親しんだ美容室に似ていると感じるようになり、介護という仕事により興味と親近感が湧いてきました。

鼻っ柱をバットでへし折られるような手ひどい挫折を経験したものの、私は経営者になるという望みをまだ完全には捨て切れていませんでした。

何よりも今日を生きるための生活費を稼がないといけませんし、母のお店でバイトをしているだけでは400万円という借金の返済は遅々として進みません。

そこで介護ビジネスでの起業を思い立ったのです。

介護は未知の分野でしたが、勝算アリ

介護は未知の分野でしたが、それでも勇気を持ってチャレンジしてみようと思った理由は大きく2つありました。

まず、ビジネスモデルがしっかりしており、赤字に陥る可能性が低いこと。

第2章で触れたように、介護サービスを利用したいという需要は、介護サービスを提供する供給を遥かに上回っています。しかもその利用料の大半は、国民が負担する介護保険を原資に国から支払われています。国が財政破綻しない限り、支払いは保証されているのです。400万円の借金を背負っている身としては、この点は起業を考えるうえでの大きな安心材料でした。

もう一つの理由は、美容業界で培ったホスピタリティが、先行するライバルとの差別化ポイントになりそうだと考えたから。

そう思ったのは、くだんの介護施設へボランティアでヘアカットに出かけたとき。対応してくれた事務局長が尊大で、「困っている人がいるから、うちは介護してあげている」という上から目線が見え見えだったのです。そこには需要が供給を遥かに上回っている、介護業

界の甘えのようなものが私には感じられました。

むろんすべての事業者が上から目線ではなく、真摯かつ謙虚に介護に取り組んでいるところが大半です。それでも、わずか1年半とはいえ、美容業界に籍を置いた身としては、もっと利用者目線に立ち、心を込めたサービスが提供できるという自信はありました。

美容師時代、最後のお客さんが帰られた直後、お店の看板を店内に仕舞おうとしたら、先輩からこっぴどく叱られたことがあります。一瞬なぜ叱られているかがピンと来ませんでした。でも、その先輩はこう言って私を諌めてくれたのです。

「もしもお客さまが挨拶をしようと振り返り、看板をいそいそと仕舞っている場面を目にしたら、『自分が帰るのを待っていたんだ。遅くなって悪いことをしたかな』と気を遣うかもしれない。いつまでもゆっくりしていってくださいという雰囲気を作るべきなのに、お前のやっていることは真逆。もっとお客さまの立場になって考えなさい」

すでに触れたように、私が現役の美容師だった時代はお店がお客さんを選ぶ時代から、お客さんがお店を選ぶ時代への転換点でした。

だからこそ、うちの美容室では、つねにお客さんの立場に立った温かい接客を心がけていました。たった1年半でも、その薫陶を受けた身としては、美容師時代に培った利用者本位のホスピタリティが発揮できれば、他の事業者との差別化ポイントにもなり、それが利用者とその家族の幸せにもつながるに違いないと期待を寄せたのです。

介護事業者は、原則として法人格の取得が求められます。そこで２００８年5月、私は23歳で株式会社ビジョナリーを設立。よちよち歩きの起業家として、介護ビジネスを手掛ける運びとなりました。

第6章

ファミリービジネスから
ビジョン経営へ

曲者の〝クレーマー〟から事業をスタート

再三触れているように、介護には大きく分けると訪問介護と施設介護があります。訪問介護は、介護スタッフが利用者（要介護者）の自宅などを訪問して介護サービスを提供するもの。施設介護は、利用者を施設に受け入れて介護サービスを提供します。

私が最初に選んだのは、訪問介護。資金も土地も建物もない状態での起業では、訪問介護を選ぶのがベストな選択だと考えたのです。

ビジョナリーの事務所は、母が経営していた焼肉屋の奥にあるスペースを無料で借りることにしました。

スタート時のメンバーは、ともにホームヘルパーの資格を持つベテランの姉とその友人の女性、そして私の合計3名です。私は急いで厚生労働省の認定を受けるホームヘルパーの資格を取りました。

ケアマネジャー（介護保険制度に基づいて、高齢者や介護が必要な方に対してサポートを行う専門職）から紹介された記念すべき最初の利用者は2組。どちらも、いわゆる〝クレーマー〟でした。

なぜなら、地域の事業所として最後発だった私たちは、他の事業者が「この人たちは、自分たちでは支えることができません！」と匙を投げた利用者を支援する仕事から始める他なかったのです。２組とも70代前後の夫婦。要介護度５でした。

要介護度について少しだけ説明しましょう。

そもそも要介護とは、身体・精神の障害により、原則６カ月にわたり継続して、入浴、排せつ、食事といった日常生活における基本的な動作の全部または一部について、常時介護を要すると見込まれる状態です。

要介護度には、１から５までの５段階があります。

要介護度５はもっとも重い段階。排せつや食事、身だしなみや部屋の掃除といった身の回りの世話がほとんどできない状態であり、日常生活すべての面で常時介護がないと生活をするのが困難な人が対象です。

要介護度が重たいほど支援は大変ですが、事業所の経営的には要介護度が重たいほどプラス。介護サービスの単価自体は同じなのですが、要介護度が重たくなるほど、支援に入る頻度が増えるため、収入が得やすいのです。

毎日介護の仕事に精が出せると、収入面でプラスになるだけではなく、経験値も早く高まります。その意味でも、要介護度5の利用者が支援できるのは、スタートしたばかりの事業所にとっては有難い話でした。

2組ともほとんど寝たきりに近かったので、要介護度5の定義にもあったように、日常生活のすべての面での支援が求められます。

典型的な1日のスケジュールは、次のようになっていました。

まず、事前に起床時間を伺い、時刻通りに訪問します。そして汚れたおむつを新しいものに交換して着替えを手伝い、好みに応じた朝食を提供します。

食事の後片付けを終えたら、次はお昼前に再び訪問。おむつを交換して、昼食を提供したら、必要に応じて部屋の掃除などを行います。

1日の締めくくりとして、夕飯前に訪問。おむつを交換して、夕飯を提供したら、お風呂に入ってもらいます。入浴が困難なケースでは、身体をキレイに拭く「清拭」を行うこともあります。

すべて終わると、「今日はこれでおしまいです。また明日の朝来ますね」と挨拶して、1

日が終了。その繰り返しです。

以上のサービスを3人でローテーションを組み、1回1組あたり一人で担当しました。私以外の2名は、経験豊富な介護士。私もやるべきことは、きちんとやっていたつもりでしたが、他の事業者がクレーマー扱いして匙を投げているだけあり、2組ともかなり個性的でサポートするのは容易ではありませんでした。

部屋の掃除を終えても、小さな埃でも気になるのか、「まだ、あそこがキレイになっていないだろ!」と怒られることもしばしば。寝たきりに近くても両腕が自由になるので、モノが飛んでくる日もありました。

外出がままならず、自宅に引きこもっていると、3度の食事は大きな楽しみですから、食へのこだわりも相当強いものがありました。

私たちは好みを聞いて、予算の範囲内で食材の買い出しをして、キッチンを借りて調理をします。それでも「美味しくない!」と、御膳をひっくり返されたこともありました。「お前のせいで食材が全部無駄になった。弁償しろ。そのお金でお弁当を買ってこい!」と無茶振りをされたこともあります。

この2組の共通点は、現役時代はバリバリに仕事をしていたということ。仕事でも日常生活でもアクティブだったからこそ、身体が自由に動かない現状に歯痒い思いが人一倍強かったのでしょう。私たちは、その歯痒さの捌け口になっていたのでしょうか。

ほんの小さな変化が、困難事例に立ち向かう勇気をくれました

クレームの数々に対して、私は率直に「理不尽だな」と思いました。

だからといって介護の仕事を投げ出そうとは一度も思いませんでした。

仮に、無給のボランティア活動で寝たきりの高齢者の介護をしていて、相手からぞんざいな扱いをされたら、「一生懸命に取り組んでいるのに、そんな態度を平気で取るような人は絶対お断り！」とクレーマー扱いしたでしょう。

しかし、仕事としてお金をもらっているので、「そのくらいのクレームは我慢して当然だろうな」という感覚で受け流していました。

慣れないうちは、暴言にもイライラしましたが、そのうち右の耳から左の耳へ受け流す術を覚えました。モノが飛んでくるといっても、健常者が全力で投げているわけではありませんから、実害も恐怖心もありませんでした。

思い返すと、美容師としてサロンに勤務していた頃にもクレーマーはいました。

ことにバリキャリ女性には、私のような経験が浅い男性スタッフたちが、ことさら不甲斐なく映るのでしょう。「なぜそんなこともできないの！」とめちゃくちゃ厳しく接する人も少なくありませんでした。「あなたと話すのは時間の無駄だから、私に二度と話しかけないで」とか、「次から、半径2メートル以内には近づかないで頂戴ね」といった乱暴な言葉も散々投げかけられました。

サロン時代の苦い経験から、クレーマーの言動には、ある程度の耐性ができていたのかもしれませんね。

こちらは、真摯なサービス提供を心がけているつもりでしたが、クレーマーの態度は一向に軟化しません。

私以外の2人のベテラン勢ですら、「もうあの夫婦のところには行きたくない」と弱音を吐くようになってきました。

私自身、毎回胸を躍らせて訪問していたわけではありません。それでも、もう少し真正面から向き合ってみようと思っていました。

他の事業者から煙たがられていた要因は、第一にハラスメントまがいの要求を投げつける利用者自身にあります。でも、そうした彼らに胸襟を開いて正面から向き合わなかった事業者側にも、彼らの理不尽な言動を引き出す誘因があるのではないかと考えたのです。

3人で話し合いを重ねながら、「私たちが見放したら、この地区で介護サービスを提供する事業者がいなくなってしまう。そんな状況で利用者が亡くなったりしたら、後味の悪い思いをするのは目に見えている。後発だからこそ、私たちは地域の介護のしんがりを喜んで務めよう」というところに落ち着きました。

決められた介護サービスを着実に提供するのはもちろんです。そのうえで納得できない言動には、「なぜそんな無礼な態度を取ったり、失礼な言い方をしたりするのですか？」と反論しました。利用者を神様扱いせず、一人の人間同士として対等に向き合うことが、関係改善の突破口になると信じていたからです。この経験は、〝カスハラ〟には毅然と対応するという、私たちの基本スタンスに反映しています（134ページ参照）。

その後も不適切発言やハラスメントは続きましたが、ちょっとした変化もありました。食事が美味しかったときに笑顔を見せてくれたり、機嫌がいい日には「ありがとう」と帰り際に労《ねぎら》いの言葉をかけてくださったりするようになったのです。

ほんの小さな変化でも、それは私たち3人のやりがいになり、いわゆる困難事例でも、正面から向き合えば攻略できるという自信にもつながりました。

2組中1組は、ケアマネジャーの提案で施設介護へ切り替わりました。もう1組は、お亡くなりになるまで8年ほど訪問介護サービスを提供。離れて暮らしていた家族から「私たちに変わり、最後まで〝頑固者〟の面倒を見て頂いてありがとうございました」と感謝されました。彼らとは、いまでもたまに連絡を取り合う仲です。

忘れられないある自閉スペクトラム症患者との出会い

私たちは現在、当初の高齢者介護から障害者介護へとシフトしています。そのシフトチェンジの背景には、ある自閉スペクトラム症患者との出会いがありました。

新参者ながら、前述のクレーマー2組を継続的に見ているうちに、私たちは地域の相談支援専門員（障害者総合支援法に基づいて、障害を持つ方が福祉サービスを利用できるようにサポートする役割を担う人）からも、注目されるようになりました。

そして「丹羽さんのところは、要介護5の高齢者にも、質の高い介護サービスが継続的に提供できていると伺いました。この障害のある利用者さんも、訪問介護で見てくれませんか？」とオファーがあったのです。

その利用者は、20代前半の男性。自閉症で知的な障害がありました。身体的には、健康そのもの。体力は有り余るほどありました。

第1章でファクトチェックしたように、いまも昔も介護の担い手の多くは女性でしかも中高年。仮に暴れられたら、腕力では20代男性には対抗できません。

私はその頃、20代前半。介護業界では珍しく若い男性であり、元サッカー少年。その後は格闘技で身体を鍛えていました。とくに格闘技では、プロの格闘家とも多くのスパーリングを体験して、彼らの本物のパンチやキックも散々受けてきました。

ですから、ビジョナリーに見てほしいというよりも、おそらく私自身に見てほしいという案件だったのです。

依頼を快諾し、その家庭を初めて訪問したときの衝撃はいまだに忘れられません。家中のガラスというガラスが、彼によって粉々に割られていたのです。

健常者にもいろいろなタイプがいるように、自閉スペクトラム症といっても症状は様々。全員が暴力的なわけではありません。

ただ自閉症患者の多くには、自分なりの決まったルーティーンがあります。そのルーティーンが何らかの綻びで崩れてしまうと、どうしたらいいのかわからなくなり、パニックに陥り、その矛先が暴力という形で表面化するケースも少なくありません。彼は、まさにそのケースのようでした。

自閉症患者と向き合うのは初めてでしたが、自分なりに勉強してみると、彼のルーティーンが何なのかを探るのが先決だとわかってきました。

ところが、しばらく通っても、大事なルーティーンが何なのかが一向にわかりません。長年同じ屋根の下で暮らし、一生懸命に世話をしていた家族も、「私たちにも何がきっかけで暴れるのかが、わからないのです」と嘆いていたくらいでした。

このケースでは、家族が仕事で家を空けている間の食事の介護、見守りがおもな業務。彼が日中福祉作業所を利用してから帰宅すると、突如として暴れ出すこともありました。作業所で何かがあり、それが彼のルーティーンを崩したのでしょう。

ある日、ブチ切れた彼から、狭い室内でお皿を力任せに投げつけられたときは、さすがの私も恐怖を感じました。非力な高齢者の暴力とは、次元が違っていたからです。

慣れ親しんできた格闘技と違って、こちらから反撃するわけにはいきません。防御に徹して、急所に当たらないように上手に避けつつ、やり返さないでひたすら逃げることしかできませんでした。

最終的に家族の手にも余るようになり、彼は施設に入りました。それまで10年ほどは、私たちが訪問介護でサポートを続けました。

結局、彼のルーティーンが何であり、どういう原因からそれが崩れるのかを、正確に見分けることはできませんでした。

でも、長年サポートをしているうちに、ちょっとした顔つきの変化などで、「そろそろスイッチが入り、怒りが爆発するかもしれないぞ」という見当が何となくつけられるようになりました。不意打ちで暴力を振るわれるのと、心の準備をする余裕があるのとでは、同じ暴力でも大きな違いがあります。経験を重ねるうちに、私は恐怖を感じることなくサポートできるようになりました。

2組の高齢者のクレーマーを経て、この自閉症患者のサポートを担当したことが契機となり、より支援を必要としている人の介護を担いたいという思いが強くなり、高齢者介護に加えて障害者介護を手掛ける運びとなったのです。

また、若い障害者の介護には、高齢者の介護以上に体力が求められます。介護における若手・男手の必要性を強く感じるきっかけともなり、それはのちのフィットネス実業団の発想の原点にもなっています。

無二の親友が、頼りになる男性スタッフとして加入します

この黎明期に、私たちに強力な援軍が加わりました。喉から手が出るほど欲しかった若手男性スタッフの五藤良典です。五藤とは、小中高と一緒の幼馴染。大の親友です。五藤は親友でありながら、私の憧れでもありました。運動神経抜群でスポーツ万能。笑顔が素敵でオシャレで、とにかくカッコいい奴だったのです。

私は高校卒業後、美容専門学校を経て、ヘアサロンで働き始めました。一方、五藤は高校卒業後、大手シューズ販売店に就職して地元を離れたので、それからは別々の道を歩み始めるようになります。

そんな五藤が会社を辞めて地元に戻ってきているらしい。風の便りでそう聞いたのは、私が会社を立ち上げて悪戦苦闘している最中でした。

そう聞いても、私は半信半疑でした。親友なのだから、もしも五藤が地元に帰ってきているなら、真っ先に自分のところへ連絡が入るはずだと思ったからです。

そうこうするうちに当の五藤から連絡がありました。「悠介、会社を始めたんだって？どんな様子なのか、遊びに行ってもいい？」とメールが入ったのです。

久しぶりに再会してみると、五藤はオシャレでキラキラしていたかつての彼ではありませんでした。生気がなく、魂が抜けて死んだような目をしていたのです。

以前の会社を辞めて、いまは地元の印刷会社に勤務して営業の仕事をしている。五藤はそう説明してくれました。現在の仕事も彼の望んだものではないことは、口ぶりからすぐにわかりました。

促して話を詳しく聞いてみると、前職のシューズ販売会社では好成績を叩き出し、史上最年少で関東地区エリアマネージャーを任されるほど出世していたそうです。

そう聞かされると、「そんなに順風満帆なのに、なぜ辞めちゃったの？」と疑問に思いますよね。

私も早速そう尋ねたところ、どうやら営業成績が良いだけに、さらに良い数字を求められる人生にとことん疲れ果てたそう。心機一転、地元で就職した印刷会社でも、やはり数字に追われるばかりで嫌気がさしていたようでした。

そんな五藤に、「俺の憧れだったお前のこんな姿は見たくない。不本意な仕事で神経をすり減らすくらいなら、俺の右腕としてビジョナリーで働いてくれないか」と、私は介護業界への転職を勧めました。

給与条件は、現職の印刷会社よりも良くありません。

その頃のビジョナリーは赤字ではないとしても、利益がめちゃくちゃ出ているわけではありませんでした。支払える給与は、愛知県が定めた最低賃金をクリアするのが、やっとという状況でした。

私は五藤に、「戦力になるまでそんなに給料は払えないよ。でも、死んだような表情で好きでもない仕事をしているくらいなら、介護の仕事をやってみないか」と言いました。そして「数字を追う仕事ではなく、多くの人たちから感謝される仕事だから、やりがいはあるはずだよ」と誘ったのです。

ビジョナリーの現状をわかっていた五藤は、私の誘いを受け、しかも最初給料ゼロで参加すると言ったのです。

親友が気づかせてくれたコミュニケーションの大切さ

五藤としては、まったく違った業界でイチから人生をやり直したくなったのでしょう。私の誘いに乗り、印刷会社を辞め、うちで働き始めました。

五藤が最初に口にしたのは、「俺、おむつ替えとか、たぶん無理やぞ」という言葉。彼は〝超〟がつくくらいの潔癖症だったのです。

でも、私は「仕事なのだから、つべこべ言わずに黙ってやれ！」と突き放しました。心が通い合っている親友同士だからこそできる荒療治ですね。

とはいえ、「黙ってやれ！」と突き放して終わりにはしませんでした。私の訪問介護に同行してもらい、背中を見せたのです。

その頃、例のクレーマー2組以外に利用者を数名抱えていました。そのうちの一人に、一人暮らしで認知症の高齢女性がいました。

彼女はおむつを勝手に外して、部屋の壁に汚物を塗りたくるというやっかいな癖がありました。その汚物を、床に膝をついてキレイに掃除する様子をあえて五藤に見てもらい、介護と向き合う覚悟を固めてもらったのです。

私の場合、仕事のスイッチが入ると、おむつ替えも、汚物の処理もまったく苦ではなくなります。そんな私の姿を見て、五藤は「お前に、あんなことができるんだな」と感心してくれて、それからは黙って汚れ仕事にも精を出してくれるようになりました。

何よりも数字に追われる必要がなく、目の前の仕事を懸命にこなすことで他人から感謝される体験が、五藤には新鮮なようでした。

そんな五藤が、改めて私たちに教えてくれたのは、介護という仕事におけるコミュニケーションの大切さでした。

灯台下暗しとはよく言ったもの。本人は自覚していないようでしたが、前々職のシューズ販売店で好成績を挙げた事実からもわかるように、五藤には優れたコミュニケーション能力がありました。

私の前職の美容師という仕事でも、「美容師はハサミではなく、口で髪を切るんだ」と先輩から教わるくらい、高いコミュニケーションスキルが求められます。

ですから、他の介護士たちと比べると、私のコミュニケーションスキルも決して低くはないと自負していましたが、五藤はそれをはるかに上回っていたのです。それは後天的に身につけたスキルというより、天性のものだったのかもしれません。

五藤もビジョナリーへ転職したばかりの頃は、不慣れな部分が多々ありました。でも、仕事に慣れて、彼なりにやりがいを実感するようになると、持ち前の明るい笑顔が戻り、聞き上手に徹して利用者とその家族との間できめ細やかなコミュニケーションを交わすようになりました。その姿は、利用者とその家族からも大好評。「晩御飯のおかずが余ったから、持って帰りなさい」とか、「あなたにお弁当を作っておいたから、休憩中にでも食べてね」などと、訪問介護に出かけるたびに、毎回何かしらの美味しいお土産を抱えてニコニコしながら事務所へ戻ってきました。「五藤、毎日どんだけ食べるんだよ！」とツッコミを入れていたのを、いまでもよく覚えています。

美容師と同じように、介護にも「口で介護する」という側面があるのかもしれない。五藤の仕事ぶりに触れて、私はそう気づかされました。その気づきは、のちに確立したイズム（第3章参照）の随所に生かされています。

ファミリービジネスから、企業ビジネスへ

起業してから3年ほどが経ち、五藤が参画する少し前、偶然うちを知った地元の若い女性

スタッフの岩田愛佳が、アルバイトで来てくれるようになりました。彼女は高校を卒業したばかりの19歳でした。

岩田はもともと介護士志望。施設介護の会社に就職するつもりでした。「面白そうな訪問介護の事業所が地元にあるみたいだ。就職前に、訪問介護を一度経験してみるのも悪くないかもしれない」とインターン感覚で働いてくれたのです。

いわば〝腰掛け〟のつもりだった彼女でしたが、五藤が入ったばかりでビジョナリーが活気づいている時期だったこともあり、「みんながワイワイ楽しそうに働いているから」という理由で、施設介護の会社への就職を見合わせ。そのままビジョナリーへ正式に入社してくれる運びとなりました。

私、姉、姉の友人という3名でスタートしたビジョナリーも、その後若い男性スタッフが一人加わり（介護経験者で、自宅がたまたま近かったからという理由で入社してくれました）、五藤と岩田が入って総勢6名体制となりました。そのうち半数は若手男性スタッフですから、小規模な訪問介護ビジネスを手掛ける企業としては、かなり異例でユニークな存在になっていました。

ここで、私は大きな岐路に立たされました。

私と姉が中心となって立ち上げたビジョナリーは、典型的なファミリービジネス（家業、個人商店）でした。社長は私、副社長は姉です。

でも、私たちファミリー以外のスタッフが過半数を占めるようになると、いつまでファミリービジネスで続けるかという問題が出てきます。

あとから参加してくれた五藤や岩田といった若いスタッフたちに対して、「この先成長を続けるとしたら、どういう方向へ会社を舵取りしていくか」を明確に示す必要があると私は考えるようになりました。

ファミリービジネスのスタイルをあくまでも崩さないとするなら、私が社長で姉が副社長という構図は変わらないでしょう。

最年少で経験も浅い岩田は、利用者の心ない言動に心を折られて、泣きながら事務所へ帰ってくる日もありました。そのたびに私と話し合い、「うちがサポートしなければ、他にどこも引き受け手がないんですよね」と納得して踏ん張ってくれていました。

このように若手スタッフがどんなに努力しても、家族になれるわけではありません。この先もずっとファミリービジネスのままでは、昇進や昇給といった面でスタッフが不満を漏らしたくなる場面も増えるでしょう。

姉は40代になっていました。「この先もバリバリ働いて、弟と起業した会社をより大きくしていく」という野心はどうやら持ち合わせていないようでした。介護を一生続ける価値のあるライフワークとして捉えていたのだと思います。

ビジョナリーに事務所スペースを無料で貸し出し、どん底にいた私を復活させるために介護の仕事を全力で応援してくれていた母も、ビジョナリーはファミリービジネスで十分と考えていたようでした。母自身が、居酒屋↓焼肉屋を長年一人で完全なファミリービジネスとして取り仕切ってきたからでしょう。

一方、私は、ハードな状況下でも不平をこぼさず、尽力しているスタッフのためにも、そして何よりもビジョナリーを頼りにしている利用者とその家族のためにも、個人商店に留まらず、企業として成長軌道に乗せたいという思いを強くしていました。

そうしたビジョンを私が素直に伝えると、姉と母は猛反対。家族で散々喧嘩しました。親子の縁を切る、切らないという話まで出てきたのです。

母からは、「家族でイチから始めて、どうにかこうにか形になってきたのに、これからあなたは実のお姉ちゃんよりも見ず知らずの他人を優遇するの?」と責められましたが、私の決意は揺るぎませんでした。

思い返すと、美容師時代にも、他のサロンで経営者の親族だからという理由だけで優遇されているスタッフがいるという話を耳にするたび、「ちゃんと結果を出している人が、正当に評価されないのはおかしい」と感じていました。

こうした経験も踏まえて、姉と母には、「これからは、収入面でも待遇面でも、親族だからという理由で依怙贔屓はしない。どういう結果を出しているかを公平に判断して企業として成長させたい」と宣言。

その結果、姉は副社長を辞任してうちを離れました。見解の相違から、姉とは喧嘩別れのようになったのですが、いまでは和解して彼女はバイト的にビジョナリーの仕事を時折手伝ってくれています。

一時的に家族分裂の危機を迎えたとはいえ、このときの決断が、いまのビジョナリーの発展の礎となっています。


求人問題という介護ビジネスの大きな壁に直面します

姉が退職してスタッフは5人になりました。

訪問介護先は、高齢者と障害者を合わせて20件ほどに増えていました。この頃は、高齢の利用者の方がまだ多かったと思います。

6人でも大変だったのに、これだけの利用者を5人でカバーするのは困難を極めます。休みは皆無に近く、全員が365日働いているのが現状。超ブラック企業です。

すでに手一杯なのに、ケアマネや相談支援専門員から「そちらから何とか人を出せませんか?」というリクエストが入ると、できるか・できないかを詰める前に、「できます、できます!」「ぜひやらせてください!」と二つ返事で引き受けていました。

「五藤は頼りになる。岩田も一生懸命。いざとなれば、自分が寝ないで踏ん張れば何とかなるだろう」と腹を括っていたのです。

訪問介護先のサービス時間帯が被り、スタッフが誰も行けなくなりそうなピンチ時は、介護スタッフの派遣会社に連絡を入れてスポット的にヘルパーを派遣してもらいました。コストは嵩みますが、穴を空けるわけにはいきません。思い出すだけでも、冷や汗が吹き出しそうな自転車操業ぶりです。

その頃の私は、個人商店から脱皮してビジネスを成長軌道に乗せる第一歩は、多少無理をしてでも売り上げをもっと増やすことだと考えていたのです。

人を増やしてこの状況を打開したいと求人雑誌で応募をかけても、問い合わせは月に1件あるかどうか。そこから採用につながったケースは皆無でした。

この時代、SNSもスマホもいまほどポピュラーではありませんでした。みんなガラケーを使い、メールでやり取りしている時代。スマホの普及率がガラケーを追い抜くのは、2016年になってからです。

そこで私は、自分のガラケーに入っていたすべてのメアドに、「介護で働くことに興味はありませんか?」「介護で働きたいという知人がいたら、紹介してもらえませんか?」というメールを一斉に送信しました。

私ばかりではありません。五藤にも岩田にも他のスタッフにも、親族、知人、友人たちにメールで連絡を送り、介護で働く気はないか、介護で働いてもいいと思っている人を知らないかと問いかけてもらいました。

みんなで延べ数百人以上にメールを送りました。介護をめぐる現実は厳しく、芳しい返事はまったく返ってきませんでした。

この一件で介護業界における求人の難しさを改めて痛感。それとともに、ライバルたちも同様の悩みを抱えているはずだから、求人問題さえ解決できたら、後発でも介護ビジネスでは頭ひとつ抜け出せるかもしれないという手応えも感じていました。

そのファイナルアンサーが、のちのフィットネス実業団だったのです。

放課後等デイサービスという新規事業を立ち上げました

人材集めに四苦八苦している頃、丹羽家では大きな問題が持ち上がりました。元気だった母にがんが見つかったのです。

がんが発見された当初、「死ぬまでお店をやる。病院には行かない」と彼女は断固として治療を拒否しました。私と姉で粘り強く説得して入院してもらい、半年間は無菌室で抗がん剤治療を継続。一時は余命宣告されるような深刻な状況に陥ったものの、幸いにも治療が功を奏して現在は元気に過ごしています。

前述のようにビジョナリーの事務所は、母親が経営していた焼肉屋の奥のスペースを間借りしていました。彼女ががんになり、仕方なく焼肉屋を閉めると、店舗スペースも自由に使えるようになります。そこで「このスペースを有効活用して、新しい福祉・介護サービスができないものか？」と私は考えるようになりました。

そして新たに始めたのが、放課後等デイサービス（放課後デイ）。スタッフにたまたま放課後デイの経験者がいたのです。

放課後デイとは、２０１２年に児童福祉法で位置づけられたもの。身体、知的、発達に何らかの障害がある６歳から18歳までの小中高生らが通っています。

厚生労働省の「放課後等デイサービスガイドライン」によると、一人ひとりの個別支援計画に基づき、次のような活動を行います。

❶自立支援と日常生活の充実のための活動
❷創作活動
❸地域交流の機会の提供
❹余暇の提供

２０１２年、制度がスタートしたばかりの頃、利用者数は全国で5万人ほどでしたが、現在では30万人ほどが利用しており、事業所数も約１万９０００カ所に上ります。

サービス開始に向けた改装には、１５００万円ほどの費用がかかりました。その資金は母が所有していた土地を担保に銀行から借りました。

放課後デイは、午後2時から6時頃まで。利用者が子どもであり、働く時間帯も短時間に限られているせいなのか、「新たに放課後デイを始めます」とパート募集をかけたら、サービスをスムーズに継続できるだけの人材が集まりました。

こうして訪問介護に加えて、施設介護がスタート。現在は施設介護がメインのビジネスになっていますが、その出発点は、母の病気というマイナスの状況を、プラスに変えた放課後デイにあったのです。

幻の2号店計画は途中で空中分解します

成功ばかりではありません。苦い失敗もありました。

訪問介護＋放課後デイをなんとか軌道に乗せようと、スタッフ総出でがむしゃらに働いていた頃、行政から「同じ一宮市内の訪問介護事業所の事業継承をお願いできないか」という申し出が寄せられました。

詳しく聞いてみると、経営者が高齢で引退を考えており、後継者がいないことから、事業所のスタッフと利用者ごと0円で譲渡したいという話でした。

経営状態を調べてみたら、月々の売上は100万円ほど。毎月15万〜20万円の利益が出ていました。小規模な事業所ではこれくらいが相場です。

ここを2号店に自分の考える介護ビジネスを広げる足掛かりにしたいと考えた私は、その申し出を受けることにしました。その頃は不勉強でそんな言葉も知りませんでしたが、M&A（合併と買収）の一種です。

相手先の事業所の5人のスタッフは全員女性。いちばん若い人が40代で、残りは60代。対象としていたのは、うちと違って比較的軽度な要介護の高齢者でした。

事業を譲渡されてしばらくすると、「あの事業所も丹羽さんが経営しているの？　丹羽さんのところっぽくないよね？」という良からぬ噂が、私の耳に届くようになりました。

私を筆頭にスタッフには体力のある若手・男手を揃えて、ハードクレーマーも重度の障害者もカバーするのがビジョナリーのスタイル。中高年の女性スタッフがメインで軽度の利用者ばかりを見ているという違いが、違和感を生んでいたのでしょう。

このままだと、ビジョナリーというブランドがブレブレになる。そんな危機感を持った私は、2号店に何度も足を運び、介護スタッフに「より支援を必要としている人の介護を担いたい」「生涯のお付き合いを大切にしたい」というビジョナリーが志向している介護ビジネスについて熱く語りました。

そのたびに、彼女たちは「社長、私たちも同感です！」と応じてくれました。それは残念ながら口先だけだったようで、より重度の高齢者や障害者の受け入れには、いつまで経っても消極的。溝は埋まりません。

これを放置すると、ビジョナリーのブランディングの根幹に関わると危惧した私は、思い切った手段に踏み切りました。創業以来の1号店と新規の2号店を完全に融合。これまでは1号店の利用者は1号店のスタッフ、2号店の利用者は2号店のスタッフがサービス提供していましたが、その垣根を取り払い、スタッフ全員でシフトを組み、双方の事業所の利用者を見る方式へと変えたのです。

ところが、この統合計画を発表した途端、2号店のスタッフは申し合わせたように全員辞めてしまいました。

こうして2号店計画は束の間の幻に終わり、空中分解しました。この失敗で、スタッフ全員が同じ方向を向いて働く重要性を私は痛感しました。

「理念経営」を貫くためにも、施設介護へ乗り出します

ファミリービジネスからの脱皮を図る際、2号店計画の失敗を経て私が標榜したのが、「理念経営」。目の前の仕事にただ追われたり、目先の利益ばかりを追求したりせずに、筋が一本通った理念をスタッフ全員で共有して働くという経営戦略を定めたのです。

戦国時代の毛利元就の「三本の矢の教え」にあるように、一人では叶わないことでも、二人、三人、四人と多くの人びとが同じ方向を向き、理念を共有して前へ前へと進めば、できることが増えると考えたのです。

この頃、ビジョナリーが掲げていた理念は、前述のように「生涯のお付き合いを大切にする」というものでした。一度関わった利用者と家族とは、一生付き合っていくつもりでサービスを提供するのが、私たちの介護の理想だと考えたのです。

まだ若い重度の障害者の介護に関わるようになると、家族の不安や心配の気持ちが痛いほどわかるようになりました。家族は、「自分たちが先に死んでしまったら、翌日からこの子はどうなるのだろう」と案じているのです。

そうした家族の切実な不安や心配の気持ちに触れるたびに、「私たちが一生サポートしますから、どうぞ安心してください」と胸を張って言えるような、持続可能な温かい介護サービスを提供したいと考えていました。

そこから「生涯のお付き合いを大切にする」という理念が生まれたのです。

介護ビジネスを始めてから10年目の２０１７年、私たちは大きな決断をしました。訪問介護＋放課後デイにプラスして、施設介護サービスへとビジネスを広げることにしたのです。

施設介護を始めた理由は、単にビジネスを大きくしたかったからではありません。幻の2号店の失敗でも明らかなように、ビジョナリーというブランドを確立して大きくするには、スタッフ全員が同じビジョンを共有する「理念経営」を貫くことが何よりも大事になってきます。

でも、訪問介護がメインだと介護スタッフはそれぞれのシフトに従って働きますから、スタッフ全員が顔を合わせるチャンスはほとんどありません。

朝礼もなければ、会議も満足に開けないような状況では、私の思いを伝えるのは困難。現場の意見も思ったように吸い上げられないでしょう。成功体験の共有もできなければ、失敗を経験値にも変えられません。

これでは「理念経営」の旗印の元、スタッフ全員が同じ方向を向いて仕事をするのは、とても無理。組織の成長も遅々として進まないでしょう。

施設介護ならば、スタッフ同士が毎日のように顔を合わせて仕事ができます。それはビジョンの共有にもつながり、成功やミスの原因もシェアしやすいので、組織のパフォーマンスアップも促されるでしょう。

また、現場で何度も耳にした「重たい障害を持つ子どもが、自分たちがいなくなった後でも、安心して過ごせる居場所がほしい」という家族の方々の切実な願いにも応えられることから、私たちは施設介護へ乗り出すと決めたのです。

メンターとの偶然の出会いが、施設介護への挑戦を後押し

幸運な出会いもありました。

第1章で触れたように、身体の衰えを感じ始めた私は、２０１６年にジムでの筋トレをスタートさせることにしました。

そのタイミングで知り合いが事業所の近所にジムをオープンさせたという話を聞いて、そこで筋トレを始めました。忙しいながらも、介護ビジネスの経験値が高まるにつれて、時間にも心にもゆとりが少しずつ生まれていたのです。

そのジムで私は、同じ歳の明るい女性と知り合います。

トレーニングの合間の雑談中、彼女から「丹羽さんは、どんな仕事をしているの？」と尋ねられました。そこで、私が「介護ビジネスをしている」と答えたところ、「偶然！　私の旦那も介護の仕事をしているのよ！」と教えてくれました。

旦那さんは、私よりも10歳ほど年上。愛知県内で高齢者介護施設をいくつも経営して大成功を収めている株式会社寿々の中村充さんでした。

彼女の紹介で3人で会って食事をすることになり、その席で私が「これまでは訪問介護をメインにしていましたが、これからは施設介護にも力を入れようと思っています」と話をしたところ、中村さんは「ぜひやった方がいいよ。応援するから」と言ってくださいました。

そればかりか、「ちょうどいま丹羽さんの地元でS社が介護施設を建設しているよ。運営会社を探しているらしいから、一度話をしてみたらどう？」と背中を大きく押してくださったのです。

デベロッパーのS社にも、S社に土地活用を依頼したオーナー（地主）にとっても、もっぱら訪問介護サービスの経験しかない私たちに、新たな施設介護の運営を任せるのは、かなりの冒険です。

それでも、中村さんが「私が保証人になる。もしも、丹羽さんのところでうまく行かなかったら、うちが引き継ぐから心配いらないよ」と言ってくださったおかげで、晴れて施設の運営を任せてもらえました。オーナーの好意で、始めの4カ月間は家賃をタダにするフリーレントまでつけてもらいました。

メンター役を買って出てくださった中村さんと、私たちを信頼して任せて下さったS社とオーナーには、感謝の言葉しかありません。

かくして施設介護へと乗り出したことが、第1章で触れたフィットネス実業団の設立へとつながっているのです。

＊＊＊

美容師2年目で憧れのMディレクターの専任アシスタントになれていたら、そのまま美容師を続けていたでしょう。今頃自分のサロンを出していたかもしれません。

あるいは、悪質な詐欺まがいに出くわさず、営業代行の仕事を順調に続けていたら、その分野での起業を考えていた可能性もあります。

人生には無駄はないといいます。私が介護という仕事で起業するには、こうした挫折が必要だったのかもしれません。

介護士という仕事の魅力と楽しさは？
利用者様の成長（心身ともに）を肌で感じられること／日々変化があり、いつも違うところ／利用者様のできなかったことができるようになった瞬間、利用者様と関わるすべての人とともに喜びを分ち合えること

介護で難しい点、苦労している点は？
人員不足、世間のイメージとのズレ、強度行動障害などへの対応／ベストな答えは存在せず、日々ベターな答えを臨機応変に探していく点

利用者や家族からの印象的な言葉は？
「胸板厚いから安心して身体を預けられるよ」／「なんだか私ももっと頑張れる気がしてきた！」／「いつもひだまりさんが来てくれるのを楽しみにしているよ」／「裏表がなく、いつも優しく接していただいて安心しています」／「あなただったら安心して任せることができる」／「先日、娘が私にしょっぱい塩おにぎりを握ってくれました。初めてだったので嬉しかったです!!」（レクリエーションで握ったものを家でも作った）

「出会ってよかった人」でいるためにいちばん注意していることは？
ネガティブな言葉を使わず、つねに前向きなチャレンジを促すような声かけをする／マイナスな意見はなるべく発しないようにしている／相手をより深く理解する努力／つねに誠実でいること／時間をきっちり守るなど、当たり前を当たり前に行うこと／独りよがりの優しさにならないように注意

ビジョナリーってどんな会社ですか？
若くて勢いがある！／年功序列もなく、頑張りたい人が存分に頑張れる環境がある／人間関係が最高。堅苦しくなく、働きやすい／自分の頑張りをしっかりと評価していただける会社／スタッフ同士の仲が良く、プライベートも充実できる／福利厚生もどんどん充実し、次は何が始まるのだろうとワクワクが止まらない会社／恩返しをしたいと思える会社。

5年後の目標は？
メンズフィジークで日本一となり、これを入り口として介護が、みんながイメージしているような暗い仕事ではないことを発信する！／関わってくださる方々の人生をより楽しいものにできる経営者になること／エリアマネージャー、現役の実業団選手でいること、家族で海外旅行／アマチュアで優勝してプロ契約を果たし、プロ戦でつねに活躍できる選手になる／実業団選手を目指して入社してくれたスタッフたちが、全力で競技に打ち込めるような部署を作っていきたい／トップ選手に成長すること／現場を統括できるような立ち位置に上がり、現場に入るだけではなく、全体を俯瞰的に見てコントロールしていく経営サイドの仕事が任せてもらえるようになりたい／計画を予定通り遂行し、社長に1日も不安そうな顔をさせないこと。

（回答をアトランダムに併記しました）

フィットネス実業団メンバーへのアンケート

前職は？
新卒／自動車部品製造／サービス業（パチンコ店）／鉄筋工／自動車製造業

介護に関する資格は？
介護職員初任者研修／行動援護従業者／実務者研修／介護福祉士

現在の仕事の内容は？
訪問介護／知的障害の方のシェアハウスでの支援／マネージャー業務（チームマネジメント、業務管理など）

ベンチプレス、スクワットの最大挙上重量は？
ベンチプレス100kg～130kg／スクワット110kg～150kg

実績（コンテスト名、年後、成績）は？
2022年JBBF愛知県メンズフィジーク選手権大会　優勝／2022年サマー・スタイル・アワード名古屋大会2位／2020年サマー・スタイル・アワード東海帝王大会3位／NABBA JAPAN 3位／2022年APF ALL OUT CHAMPIONSHIP メンズフィジーク20代　4位／2020年サマー・スタイル・アワード名古屋大会優勝

実業団に応募した理由は？
トレーニングを自分だけでなく、人のために役立てたい、そういう環境だったから／さらに上を目指せる環境に飛び込みたいと思ったから／待遇が魅力的／トレーニング時間の確保／社長のＳＮＳを見て会社の雰囲気と社長の人柄に心惹かれたから／社長とフィットネスの大会を通じて知り合い、SNSを通して会社や実業団の取り組みを知り応募

応募前の介護に対するイメージは？
３Ｋ／給料が安い／辛い／働く人の年齢層が高い／人との関りが難しい／自分には無理そう／興味のない業種だったため、イメージすらなかった

実業団に入り、そのイメージはどう変わった？
互いに心身ともに成長できる仕事／180度変わった／給料も決して安くないし、何より現場で働くスタッフが本当に明るい／平均年齢も業界では異例なほど若いので、和気藹々と仕事ができている

“マッチョ”が介護に生きる場面は？
視覚的に安心感がある／安定した移乗が行える／「痩せたい」という悩みに説得力のあるアドバイスができる／普段から減量やトレーニングのスケジュールを立てて行動しているため、仕事でもスケジュール管理が得意なところ／理にかなった身体の動かし方を身につけているため、介護士の職業病である腰痛予防ができる／利用者様から「安心できる」と声をかけてもらえる

おわりに

――福祉・介護は、若い男性の職場ではない。
――福祉・介護は、儲からない。
――福祉・介護は、お金儲けの道具にしてはいけない。
いまの日本には、まだまだそうしたイメージを持っている人が少なくありません。
それを根底から変える試みを、私たちはずっと続けています。

私たちは、いちばん困っている人たちに、最優先で居場所と生活の場を提供することを重視しています。障害の程度が重い人たちにも質の高いサービスを提供するためにも、元気と体力と笑顔が自慢の若い男性たちがぜひ必要です。

これまでは福祉・介護の現場を、多くの女性たちや中高年が担ってきたという現実がありました。若い男性にとっても、特性が活かせてやりがいがあり、利用者とその家族一人ひとりの人生に関わる福祉・介護は魅力的かつクリエイティブなもの。それを伝える一つの手段として私たちが立ち上げたのが、フィットネス実業団でした。

福祉・介護が儲からないとしたら、それはビジネスモデルが間違っているから。

福祉・介護業界の本質は、コンビニや外食チェーンなどと同じように労働集約型の店舗ビジネスです。地域に根を張り、限られた店舗のみで頑張るのではなく、人材確保の仕組みをつくり、全国で多店舗展開すれば、努力に見合う正当な利益が挙げられます。そのため、私たちは地元愛知を飛び出し、全国展開にも注力しているのです。

私たちは、福祉・介護で適正に稼げるビジネスモデルをつくり、それを広くアピールすることを目指しています。それが呼び水となり、野心的な企業、起業家、若者たちが福祉・介護の業界に身を投じることを期待しているのです。

儲かるビジネスだという正しい認識が広がれば、異業種からの参入がもっと増えてくるでしょう。優秀な人材と広い視野、長年培った独自のノウハウを持った異業種からの新規参入が相次げば、結果的に福祉・介護のサービス向上と効率化が促されます。業界内に適正な競争が起こり、切磋琢磨しながら、日本の福祉・介護のレベルが量質ともに向上していくに違いありません。たとえば、トヨタ自動車が本格的に福祉・介護へと乗り出したら、何かが大きく変わる予感がしませんか？

福祉・介護をお金儲けの道具にしてはならないというのは、なかなか払拭できない偏見であり、頑固な先入観です。

福祉・介護の王道は慈善事業ではなく、本来他のビジネスと何ら変わりはありません。それなのに福祉・介護を特別視して、まるでマザー・テレサのような心優しい人たちが、無償の愛を注ぐものだという〝美しい〟思い込みが拭えないのです。

実際、福祉・介護は、多くのNPO法人や社会福祉法人といった非営利団体が担っています。私たちは決して彼らの存在を否定しているわけではありません。福祉・介護が、彼らなしには成り立たないというのが、日本の現在地。その一因は、日本人の多くが、福祉・介護を特別視しすぎている点にあると私は考えています。

仕事の正当な対価として、福祉・介護で稼ぐことを否定していたら、新規に参入する営利企業はありません。若い人材を集めるのも難しいでしょう。

マザー・テレサ的に無償の愛を注ぐ人たちは、心から尊敬できる貴重な存在ですが、だからといって「稼ぎたいから、福祉・介護をやる」という人を冷たい目で見るのは、ナンセンスだと思っています。

私自身、福祉・介護の業界に飛び込んだのは、高い志を掲げてのことではなく、目先の生活のためでした。福祉・介護に関わるうちに、面白さと重要性とビジネスとしての可能性に魅せられて、起業してここまで会社を大きくしてきました。

「稼ぎたいから、福祉・介護をやる」と仕事を始めた人には、ただひたすら稼ぐことを追求するタイプもいるでしょう。それで介護を担うヤングケアラーの負担が少しでも軽減できたら、介護から解放された元ヤングケアラーから第二の松下幸之助さん、第二の孫正義さんが生まれるかもしれません。そうした起業家が起こしたビジネスが日本経済を活性化し、社会の幸福度を高めてくれるとしたら、彼らが福祉・介護で稼いだ何倍ものリターンを日本国民は享受できるでしょう。

福祉・介護のビジネスで金持ちになった若者の存在が世間で注目されるようになれば、自分も「稼ぎたいから、福祉・介護をやる」という人が増えるでしょう。それで福祉・介護の業界が活性化して適切な競争が生まれたら、社会にとっても、何よりも利用者とその家族にとっても、メリットしかないと私は考えています。

そして「稼ぎたいから、福祉・介護をやる」という人のなかには、お金儲け以外のビジョンを新たに見つけ、前へ前へと突き進むタイプもきっと現れるに違いありません。

最後に、私たちの将来の展望について語らせてください。

現在は全国展開を急務としていますが、同時並行的に海外へとネットワークを広げる準備も着々と進めています。待ったなしのSDGsを達成するためには、福祉・介護のさらなる拡充がすべての国々で求められているからです。

いろいろな問題を抱えているにしろ、日本の福祉・介護のレベルは、世界的に見ると極めて高いと思います。アジアやアフリカなどの福祉・介護分野の後進国には、日本の知見が活かせる部分はたくさんあるはずです。

欧米諸国のような福祉・介護分野の先進国は、日本と同じように担い手不足という共通の課題を抱えていますから、フィットネス実業団のような私たちの取り組みはきっと参考になるでしょう。福祉・介護分野のフィットネス実業団を全世界に広め、フーターズガールの世界大会のように、世界一マッチョでカッコよく、介護スキルも高いチャンピオンを選ぶ大会を主催するのが、私の密かな夢でもあります。

この夢の実現に向けて、実はもう動き出しています。舞台は、お隣の韓国です。

韓国は日本以上の学歴社会。厳しい競争から弾かれて国内で活躍できる場がなくなり、就職先を求めて日本へ渡ってくる若者も少なくないと聞きます。

そして韓国は日本以上にフィットネスが盛んなお国柄。そんな韓流マッチョたちに、日本の福祉・介護の現場で働いてもらう構想を温めているのです。

言葉の壁など、実現には超えるべきハードルも少なくありません。でも、韓流マッチョたちが親身にケアしてくれる事業所ができたら、韓流ドラマやK-POPにどハマりしている多くの利用者やその家族は大いにウェルカムでしょう。日本で学んだ韓流マッチョが韓国へ帰国し、福祉・介護のフィールドで新たに活躍してくれたら、韓国の利用者とその家族にとってもプラスに違いありません。

「福祉・介護のイメージを根底から変えたい！」

私たちが日々やり続けていることをひと言で表現すると、そうなります。

ここまでお読みいただいて、みなさんが福祉・介護に抱いていたイメージが少しでも変えられたとしたら、本書の目的は十分達成できたと思っています。

丹羽 悠介
日本一マッチョの多い福祉の会社 VISVISIONARY Inc. 代表。
美容師を経て起業を目指すが、詐欺にあい挫折。再起を期して 23 歳の時に訪問介護事業所の介護支援ひだまりを設立。自らも働きながら福祉業界のことを学んでいるうちに、高齢の女性に頼る現状に限界を感じる。業界イメージや仕組み自体を中から変えていくことで、男性や若い女性がもっと活躍できる業界にできないかと、株式会社ビジョナリーを設立。人材確保に大きなコストを割かれる福祉の世界では、若い人材を引き付け、やりがいをもって仕事を続けてもらうことが必須。そこで目を付けたのが筋肉系男子。マッチョの特性＝真面目な努力を継続する、体力がある。筋トレを仕事と両立したい、を生かすために「フィットネス実業団」を組織。週刊さんまとマツコ、ザ！世界仰天ニュース、WBS、アメリカ放送 CBS などメディアに取り上げられることで、マッチョ以外の若い人材の応募も増加。新たな「働き甲斐」を感じさせる楽しい介護の会社を愛知県を中心に全国展開中。

マッチョ介護《かいご》が世界《せかい》を救《すく》う！
筋肉《きんにく》で福祉《ふくし》　楽《たの》しく明《あか》るく未来《みらい》を創《つく》る！

2023 年 10 月 17 日　第一刷発行

著者　丹羽悠介《にわゆうすけ》
発行者　清田則子
株式会社　講談社
〒 112-8001　東京都文京区音羽 2 丁目 12-21
（販売）03-5395-3606　（業務）03-5395-3615

KODANSHA

編集　株式会社講談社エディトリアル
代表　堺公江
〒 112-0013　東京都文京区音羽 1 丁目 17-18　護国寺 SIA ビル
（編集部）03-5319-2171
装丁・本文デザイン　太田穣
印刷　株式会社 KPS プロダクツ
製本　株式会社国宝社

NDC593　207p　19cm　Printed in Japan
ISBN978-4-06-533313-6